TROIS
HOMMES FORTS

PAR

Alexandre Dumas fils

Auteur de *la Dame aux Camélias*

II

PARIS
HIPPOLYTE SOUVERAIN, ÉDITEUR
RUE DES BEAUX-ARTS, 5

1850

TROIS

HOMMES FORTS

PUBLICATIONS RÉCENTES.

LES HOMMES NOIRS
Par F. De BAZANCOURT

LA TERRE PROMISE
PAR ALPHONSE BROT.

HISTOIRE DE LA RÉVOLUTION D'ITALIE
Précédée d'un aperçu sur les derniers événements.
PAR RICCIARDI.
Député au Parlement de Naples.

LES DEGRÉS DE L'ÉCHELLE
Par Madame la comtesse DASH. — 6 vol. in-8.

L'AMAZONE
Par Alexandre Dumas.

L'ÉVENTAIL D'IVOIRE
PAR AUGUSTE LUCHET.

ANTONINE
Par Alexandre Dumas fils.

UN DRAME DANS LES PRISONS
Par H. DE BALZAC. — 2 vol. in-8.

LE FOYER DE L'OPÉRA
Tomes 9 à 13, par Alexandre Dumas, etc.
Ces 5 derniers volumes complètent cette publication.

LAGNY. — Imprimerie de VIALAT et Cie.

TROIS
HOMMES FORTS

PAR

Alexandre Dumas fils

Auteur de *la Dame aux Camélias*

II

PARIS

HIPPOLYTE SOUVERAIN, ÉDITEUR

RUE DES BEAUX-ARTS, 5

—

1850

LE CRIME.

XVI.

M. Valery s'arrêta un instant pour s'assurer de l'effet qu'il produisait sur Pascal. Pascal priait.

— La lampe allumée, reprit le moribond, je m'acheminai vers la chambre qu'on avait donnée au neveu de M. Raynal.

C'était un beau jeune homme, ce Jean Raynal, à la figure franche, à l'air calme, et qui reposait dans sa conscience.

Il dormait profondément. C'était tout ce qu'il me fallait.

J'approchai de son lit, tenant ma lampe d'une main et mon couteau de l'autre. Au moindre mouvement qu'il eût fait, je l'eusse tué.

J'eus beau mettre la lumière aussi près que possible de ses yeux, il ne se réveilla pas.

La maison était à moi.

Je montai alors dans la chambre de

Toinette. Je n'eus pas besoin d'arme pour la tuer. Je lui saisis le cou d'une main, et je serrai vigoureusement pendant dix minutes environ.

La tranquillité avec laquelle j'assistais à cette mort que je donnais moi-même, est une chose indescriptible.

Au bout de dix minutes, Toinette était morte sans pousser un cri, sans faire un mouvement.

Je passai de là dans la chambre de M. Raynal.

Lui aussi, il dormait comme un juste.

Je m'arrêtai quelques instants à le considérer, et déposant ma lampe sur une table, je tirai mon couteau, couteau que je n'avais même pas pris la peine d'apporter, et que j'avais trouvé dans la cuisine.

Il me sembla qu'en assassinant ce juste, j'allais assassiner l'humanité tout entière, et je lui portai dans la poitrine un coup à tuer trois hommes, en même temps que je lui fermais la bouche pour l'empêcher de crier.

Il était fort cependant, et il se débattit. Alors je le pris dans mes bras pour qu'il ne fît point de bruit en roulant sur le parquet, et lui labourant le visage et la poitrine à coups de couteau, je l'achevai ainsi.

Pas une goutte de sang n'avait sauté sur moi.

J'allai au secrétaire, je pris un sac contenant douze cents francs; puis, dans un tiroir à secret, que j'avais vu M. Raynal ouvrir souvent, car il était loin de se défier de moi, je pris encore quatre mille francs en or : ses épargnes personnelles, que nul ne lui connaissait.

Je refermai le secrétaire ; je m'assurai que le curé était bien mort, et, reprenant ma lampe, je redescendis, froid et impassible comme une statue.

Je rentrai dans la chambre du neveu ; il dormait toujours.

Je crus alors entendre un bruit extrêmement faible et que je ne pouvais définir ; ce bruit semblait sortir du lit de Jean. Je me penchai dessus, et je vis des gouttes de sang qui tombaient du plafond sur les habits de celui qui dormait.

Le plafond était lézardé, et comme le cadavre de l'oncle gisait au-dessus du lit du neveu, le sang filtrait à travers les fissures du plafond.

—Voilà le véritable criminel, me dis-je en voyant ces preuves sanglantes qui rougissaient les vêtements de cet homme endormi et souriant dans son sommeil.

J'allai remettre la lampe dans la cuisine, et, chargé de mon butin, je sortis de la maison comme j'y étais entré.

Le premier bruit que j'entendis quand je fus dehors fut un rossignol qui chantait.

La lune était toujours sereine.

Je repris le chemin qui conduisait à l'auberge, en accompagnant ma marche de la chanson que je chantais quelques instants auparavant. Tout cela s'était si vite accompli, que mon hôtesse ne dormait point encore et que, m'entendant rentrer, elle me cria :

— Déjà de retour ?

— Oui, lui répondis-je, l'air m'a fait du bien et j'ai envie de dormir ; mais faites-moi réveiller demain de bonne heure, parce que je veux voir M. Raynal avant de partir.

Je m'endormis après avoir tranquillement déposé sur ma table le sac de 1,200 fr. qui, dans le cas où je serais arrêté, devait être la preuve de mon crime. Comme vous le voyez, mon frère, je faisais bien les choses.

A huit heures on me réveilla ; je m'habillai et je me rendis chez M. Raynal. J'eus beau frapper on ne m'ouvrit pas, naturellement. J'allai faire part de mon inquiétude au garde-champêtre, l'autorité du pays, et j'étais là quand on enfonça la porte et quand on trouva les deux cadavres.

Ce que j'avais prévu arriva. Jean Raynal fut arrêté, jugé, condamné, exécuté. Les preuves surgirent contre lui avec une effroyable profusion.

J'ai voulu suivre toutes les péripéties de ce drame, et j'ai visité l'accusé dans sa prison. Je lui ai donné des encouragements. Je lui ai conseillé d'avouer la vérité. Il a béni mon nom et m'a remercié.

Pendant deux mois encore, je restai à Nîmes; puis j'allai à Marseille avec des lettres de recommandation, et je trouvai moyen de me faire transporter pour rien à Madagascar, où j'arrivai, possesseur des cinq mille deux cents francs que j'avais volés à M. Raynal, et auxquels je n'avais pas encore touché.

Je partis pour Madagascar, comme je vous l'ai dit, me jurant qu'à trente ans, j'aurais fait une fortune qui pourrait m'ouvrir toutes les voies, quel que fût le but où je tendisse.

Mes idées commençaient à se modifier. En philosophie, j'étais arrivé où je voulais. Je ne pouvais pousser plus loin l'investigation des choses et le mépris des hommes ; je ne vis plus dans la vie que la jouissance des plaisirs matériels, et dans les êtres que des instruments à mes plaisirs.

Je restai six ans à Madagascar, et je possède un million.

Je n'ai pas besoin de vous dire par quels trafics j'acquis cette fortune. Hommes et choses, je vendis de tout.

Je revenais donc riche, prêt à m'abandonner sans frein à toutes les passions que j'avais repoussées jusqu'alors comme dangereuses, et auxquelles je pouvais me livrer maintenant sans craindre qu'elles détruisissent rien en moi ; je me disais : A moi l'amour des femmes ! à moi la conscience des hommes ! à moi le monde, enfin, si je le veux, quand j'ai été pris de cette fièvre dont je vais mourir.

Dieu m'attendait sans doute à cet angle de ma vie, et j'avoue que j'ai plus souffert moralement à l'idée de mourir au milieu de ma fortune acquise, et sans en avoir joui, que je n'eusse souffert si j'étais mort sur l'échafaud et comme l'assassin de M. Raynal.

— Bien joué! me suis-je écrié en regardant le ciel, quand je me suis vu malade d'une maladie mortelle et en essayant encore de railler Dieu ; mais les souffrances physiques sont devenues telles, que je me suis avoué vaincu, et que j'ai supplié le médecin de me sauver. Il ne le peut pas.

Dieu est donc le plus fort! Je serai beau joueur. Hâtez-vous, mon frère, de me dire comment je pourrai apaiser ce Dieu que j'ai tant offensé, et réparer, autant que cela sera possible, le mal que j'ai fait.

Le malade, épuisé de fatigue, vaincu par la douleur, laissa retomber sa tête sur l'oreiller.

LA RÉPARATION.

XVII.

Qu'on nous permette une comparaison, la seule qui puisse analyser l'état de cet homme en ce moment.

Il était entré dans sa confession comme un fanfaron entre dans un souterrain obscur dont l'orifice est encore éclairé par le jour. Il porte la tête haute, il rit, il chante pour convaincre ceux qui le voient, qu'il est brave, et qu'il traversera ce danger sans peur.

Bientôt cependant son chant et son rire cessent, car le jour diminue et le danger commence. Puis, quand il doit se baisser; quand, à chaque instant, il se heurte les genoux ou se déchire le visage, quand, pour faire un pas, il est forcé de trouer l'ombre épaisse avec ses deux mains; quand il lui faut ramper comme une couleuvre; quand rien ne lui arrive plus de la vie extérieure; quand l'air lui manque; quand son courage n'a plus d'autre spectateur que lui-même, alors un frisson glacial s'empare de lui et l'étreint comme un linceul de plomb; il s'arrête, il ouvre des yeux effarés, et, pris de la terreur de mourir ainsi, loin du jour et loin des hommes, il pousse des cris et prie Dieu de le sauver. Il se retourne, et, le cœur haletant, s'ensanglantant le visage, se meurtrissant les membres, il marche, il se glisse, il rampe jusqu'à ce qu'il arrive à ce rayon de jour qui l'a accompagné quelque temps, qui est pour lui la vie; et, dès qu'il le revoit, il tombe à genoux, et, avouant qu'il a eu peur, il montre, pour s'en excuser, le sang de ses blessures et les meurtrissures de son corps.

Il en était de même moralement pour M. Valery.

Tant que son orgueil avait pu éclairer le commencement de sa confession, il l'avait faite hardiment, et pour donner à celui qui la recevait le spectacle de sa force et de sa lutte avec Dieu; mais lorsqu'il avait vu que Pascal n'applaudissait pas à cette volonté du mal dont il était le confident; quand il s'était retrouvé seul et sans appui dans le souvenir de son passé fangeux; quand il avait senti que l'air véritable lui manquait dans cette atmosphère de crimes et d'iniquités; alors, lui aussi, il avait eu peur, il avait regardé autour de lui avec effroi, et, ne voyant plus l'antre de sa vie éclairé que d'un rayon, le repentir, il s'était à tout hasard cramponné à ce rayon comme un homme qui se noie, à la branche qu'on lui tend, et il avait dit à Pascal, pour son âme, ce qu'il avait dit à M. Maréchal, pour son corps : Sauvez-moi !

Félicien, qui avait entendu toute cette histoire, dans l'attitude d'un homme forcé de regarder les profondeurs d'un précipice plein de reptiles et de méphytiques émanations; Félicien qui, tout en ne perdant pas un mot de cet étrange récit de l'orgueil humain, avait pu suivre cependant la gradation du sentiment qui y avait présidé, et qui devait mener le moribond, sinon au repentir, du moins à la crainte morale de la mort; Félicien, disons-nous, quand Valery se fut tu, regarda quelques instants ce malheureux sans lui répondre, mais avec des yeux plus éloquents que la bouche.

— Eh bien ! mon frère, demanda le malade, vous ne me dites rien.

— Je vous ai dit, monsieur, répondit Pascal, que je ne pouvais vous donner l'absolution.

— Oui; mais vous pouvez m'aider à mourir.

— Ainsi vous avez peur de la mort?

— Oui; mais non comme tout-à-l'heure. Je n'ai plus peur de la mort physique, de l'anéantissement de mon corps et de la destruction de mes sens humains, j'ai peur que, de l'autre côté de la tombe, il y ait quelque chose.

— Il y a Dieu, monsieur, Dieu qui punit et qui récompense.

— Voyons, mon frère, est-il un moyen d'apaiser ce Dieu? demanda le moribond d'une voix affaiblie et avec le regard d'un homme que le délire va reprendre; car, chez cette nature indomptable, le repentir ne pouvait être que le résultat de l'affaiblissement des facultés.

— Oui, il y a un moyen.

— Lequel? dites-le vite, mon frère.

— C'est de profiter du peu de temps qui vous reste à vivre pour rendre à la mémoire de celui que vous avez perdu, et à sa famille, l'honneur que vous leur avez enlevé.

Il faut écrire le récit du crime que vous avez commis, en détailler les circonstances, puis vous signerez cette déclaration, vous me la remettrez, et, une fois de retour en France, quand j'aurai été ordonné prêtre, je réhabiliterai Jean Raynal. A cette condition, Dieu, j'en suis sûr, consentira à être clément pour vous.

— Donnez-moi de l'encre, du papier et une plume, fit le malade, et, d'une main fiévreuse, il écrivit :

« Aujourd'hui, 20 septembre 1833, au moment de rendre mon âme à Dieu, touché de repentir, je déclare être l'assassin de Valentin Raynal, curé de Lafou, et de sa servante, Toinette Belami, crime pour lequel un innocent, Jean Raynal, a péri sur l'échafaud.

» Je fais cette déclaration et je la signe avant de détailler toutes les circonstances qui doivent l'appuyer aux yeux des juges, afin que si la mort me surprenait pendant que j'écris les faits principaux, — ma culpabilité et l'innocence de Jean Raynal fussent connues, et que la mémoire de ma victime pût être réhabilitée.

» A bord du *Nicolas*,

» Joseph Valery (de Nîmes),

surnommé *le Mendiant*. »

— Est-ce bien ainsi, mon frère ? demanda le moribond à Pascal, en lui passant le papier qu'il venait de signer.

— Oui, mon frère, et puisse le sentiment qui vous guide, être un sincère repentir !

— Maintenant je vais détailler le crime, n'est-ce pas ?

— Oui, et pendant ce temps, je prierai pour vous.

Valery reprit la plume et se mit à écrire le récit de l'assassinat aussi clairement que possible, en le signant encore de son nom de Joseph et du nom de Valery qu'il avait pris à Madagascar.

Quand Pascal eut lu ce récit :

— Mourez en paix, mon frère, dit-il au malade, je vous promets le pardon de Dieu.

— Eh bien! promettez-moi de consentir à ce que je vais vous demander.

— Je vous le promets, monsieur, si ce que vous me demandez est juste.

— Je n'ai pas d'héritiers, mon frère, et j'ai une immense fortune. Voulez-vous me permettre d'en faire don à cette sœur que vous aimez tant, et que je ne connaîtrai jamais, mais qui priera pour moi?

Pascal devint rouge sous cette offre comme sous un affront.

— Ceux qui sont riches et qui meurent sans héritiers, répliqua-t-il, ont les pauvres pour héritiers naturels.

— C'est juste, mon frère, pardonnez-moi la proposition que je vous ai faite, et veuillez vous charger encore d'une mission.

En disant cela, Valery écrivait une donation de toute sa fortune aux pauvres de Nîmes, et donnait l'ordre à son correspondant, M. Morel qui en était le dépositaire, à Paris, de la remettre aux mains de Félicien Pascal.

A peine si cette donation était lisible, tant était faible la main de celui qui l'écrivait.

— Bien, mon frère ! très-bien ! fit le jeune homme, en lisant le papier, voilà une partie de votre passé complétement purifiée.

Le malade ferma les yeux sans répondre.

Il sentait la vie se retirer de lui.

Félicien regarda quelques instants ce corps qui avait renfermé une âme si corrompue, et qui n'était déjà plus qu'une inerte matière, frissonnant sous le souffle glacé de la mort.

Puis, il quitta sans bruit la cabine, pour ne pas réveiller le moribond, à qui Dieu envoyait le sommeil comme première récompense de son premier remords.

Deux heures après on était arrivé au Cap.

— Eh bien! demanda Félicien à M. Maréchal, au moment ou celui-ci revenait de voir le malade, qui l'avait fait appeler en se réveillant.

M. Maréchal secoua la tête.

— Il est mort? fit Pascal.

— Pas encore, mais cela ne peut pas tarder. La tête n'y est déjà plus.

— Que vous a-t-il dit?

— Il m'a demandé du vin de Madère.

— Vous lui en avez donné?

— Je lui en ai donné une bouteille. Il ne vaut même plus la peine qu'on lui refuse quelque chose.

Félicien, qui avait hâte de quitter le vaisseau, où il lui semblait que, depuis cette confession entendue, il respirait mal à l'aise, descendit une dernière fois auprès du mendiant.

— Courage, mon frère, lui dit-il en lui prenant la main.

M. Valery essaya de répondre, mais ses lèvres s'agitèrent convulsivement et il ne put arriver à prononcer une parole.

La bouteille de Madère était vide.

Au contraire de M. Maréchal, nous croyons que le mourant avait toute sa tête, et que ne pouvant supporter le poids de ses souvenirs, il avait cherché l'oubli dans l'ivresse.

FÉLICIEN PASCAL.

XVIII.

Comme nous l'avons dit, le premier besoin qu'avait éprouvé Félicien en quittant la cabine de Joseph, avait été de regarder le ciel et d'aspirer le plus d'air pur possible, comme pour chasser l'atmosphère putride dans laquelle il lui avait fallu vivre le temps qu'avait duré cette confession, et pour se convaincre que ce qu'il venait d'entendre n'était qu'une déplorable exception dans les conditions humaines; mais quand il s'était retrouvé seul au Cap, il avait posé sa tête entre ses mains, et il s'était de nouveau penché sur l'abîme que le mourant lui avait montré et dont il avait éclairé les plus sombres profondeurs.

Le doux jeune homme, pris d'un amour immense pour Dieu, amour inspiré par le spectacle des grandes choses de la nature et des vastes solitudes de l'Inde, n'avait vu dans la mission qu'il s'était promise que le malheur à consoler, que le bien à faire, et il n'avait pas prévu qu'au milieu de cette foule d'hommes qui représentent la civilisation, il trouverait de pareils crimes et de pareils vices.

Il retombait donc épouvanté de cette première confession que le hasard lui avait fait connaître, et il en était à se demander s'il aurait la force d'assister souvent à ces effroyables anatomies du cœur.

Mais il s'écria tout-à-coup, après avoir longtemps réfléchi :

— Plus le devoir est difficile à remplir, plus il est agréable à Dieu qu'on le remplisse.

Cependant il sentait la nécessité de distraire bien vite son esprit de la préoccupation dans laquelle le récit de Joseph l'avait jeté, et, comme après Dieu rien ne pouvait plus occuper son esprit que sa mère et sa sœur, il écrivit à l'une et à l'autre, en n'adressant toutefois sa lettre qu'à l'une des deux, à sa mère :

« C'est aujourd'hui le 20 septembre 1833 ; nous voilà arrivés au Cap, ma bonne mère, c'est te dire que je suis en route pour te revoir bientôt.

» Le vaisseau qui m'a déposé ici repartira demain, et te portera cette lettre dont notre docteur, un de nos compatriotes, veut bien se charger, tandis que je serai encore loin toi; mais je m'en console en me disant que c'est du bonheur de Blanche que je m'occupe ; car cet héritage que je viens recueillir ici, et qui nous appartient à elle et à moi, il est bien entendu que je le lui abandonne, et qu'il lui servira de dot, si, comme je l'espère, grâce à son esprit, à ses bons sentiments et à la beauté dont Dieu lui a fait don, ma chère sœur trouve un honnête homme qui l'aime comme elle mérite d'être aimée, et dont elle devienne la femme.

» Oui, ma bonne mère, ma résolution est bien prise, oui, je veux entrer au service de Dieu.

» Tu essayais, dans la dernière lettre que j'ai reçue de toi, à Bourbon, de m'éloigner de cette pensée. Il te semble que ton amour jaloux me possédera moins.

» Tu te trompes, ma mère. Je serai plus à toi de cette façon que si je prenais ma place dans les carrières enviées des hommes. Dieu, les malheureux, toi et ma sœur, vous serez mes seules amours.

» Tu me disais de réfléchir longtemps avant d'exécuter mon projet. J'ai réfléchi, car tes conseils, je les suis religieusement, j'ai tout pesé dans ma conscience et dans ma raison, et ma résolution n'a point changé.

» Si tu avais vu comme moi, ma mère, la nature que je viens de visiter, si tu avais pu boire la vérité aux sources éternelles des solitudes et des immensités, si tu avais pris Dieu sur le fait au sein de toutes ses splendeurs, tu reviendrais animée de l'esprit qui m'anime, et tu dirais comme moi : Dieu seul est grand, et tu n'aurais plus d'autre ambition que de le servir et de le révéler.

» Ne me disais-tu point aussi, dans ta lettre, chère et bonne mère, que je suis bien jeune encore, que j'ai vécu d'une vie indépendante, et que, comme tous les hommes, je puis être sujet aux passions; qu'alors placé entre elles et mon devoir, je serai peut-être malheureux, et que tu redoutes de me voir souffrir.

» Il n'y a victoire que là où il y a lutte, ma mère. S'il plaît au Seigneur d'éprouver mon âme et de la tenter, je lui offrirai avec joie le triomphe que je remporterai sur moi-même, car je lui sacrifierai tout; mais Dieu adoucira mon chemin et me laissera venir tranquillement jusqu'à lui.

» Qu'ai-je à redouter, d'ailleurs? je te le demande. Tu m'aimes, je suis aimé de Blanche, et je vous aime toutes les deux.

» Mon esprit, fortifié par l'étude, par une expérience précoce, par les spectacles magnifiques auxquels j'ai assisté, est parvenu à assigner à chaque chose sa véritable place. Les passions qui agitent les hommes et que tu crains pour moi, me semblent bien mesquines et bien étroites, et c'est parce que je les ai mises avec toutes les autres choses de la vie dans le plateau de la balance, que je sais maintenant combien elles sont légères et de quel faible poids elles peuvent peser dans l'existence d'un homme qui marche les yeux tournés vers la vérité.

» Vois donc au contraire, mère,

quelle douce existence ma résolution te prépare.

» D'abord, je ne te quitterai pas. La petite maison où je suis né, et qui est le nid de tous nos souvenirs heureux, tu continueras à l'habiter, et j'y viendrai souvent.

» Je la vois d'ici, avec ses volets verts, avec ses grands chèvrefeuilles qui courent le long de ses murs blancs, et dont les fleurs éclatent au soleil en gerbes roses. La grille qui la précède cache ses barreaux dans les feuilles, et dérobe aux envieux, s'il y en a, le tableau du bonheur intérieur et des joies familières.

» J'ai ma petite chambre pleine de livres, et je suis là, travaillant et lisant tandis que ma sœur et toi vous causez, assises dans le jardin.

» Puis Blanche se marie ; de beaux et bons enfants blonds, naissent autour de moi, et je les aime comme si j'étais leur père. Je prends en main leurs jeunes âmes et je les éclaire dès leurs premières années ; je leur explique le but des choses auxquelles le Seigneur leur permet d'assister.

» Mon beau-frère est un bon et brave homme, qui devient ton second fils, et qui reste auprès de toi tandis que je vais consoler mes malades, secourir mes pauvres ou instruire mes fidèles, tandis que je vais semer un peu de bien dans l'universelle famille. Puis, comme nous aurons vécu sans reproches, nous mourrons sans effroi, et la mort, ce sommeil éternel, nous viendra douce et tranquille, semblable au sommeil quotidien.

» Depuis longtemps imbus des grands principes de la vie éternelle, nous ne verrons dans cette loi de la nature qu'un bienfait du ciel, que le repos après la fatigue, que la récompense après le travail. Comme nous aurons donné le tableau de notre vie unie et transparente aux enfants qui nous seront venus, nous leur donnerons en dernier exemple le tableau de notre mort calme et souriante, et cet enseignement dernier sera peut-être celui qui leur profitera le plus.

» Nous aurons accompli chacun notre mission, et nous aurons peut-être la joie d'avoir rendu meilleurs ceux qui n'étaient que bons, et bons ceux qui étaient méchants.

» N'en doute pas, ma bonne mère, voilà l'avenir que Dieu nous réserve. En est-il un plus doux? en connais-tu un plus beau?

» Bonne et tendre mère, je te vois d'ici, lisant ma lettre, tandis que Blanche pose sa tête sur ton épaule pour mieux écouter les paroles que je vous envoie à toutes deux; ou si c'est Blanche qui lit, je te vois, suspendant le travail que cette lecture interrompt, essuyer tes yeux aimés pleins de ces larmes que les mères donnent si vite au souvenir de leurs enfants.

» Le soir où cette lettre sera venue te trouver dans ta petite retraite, tu dormiras plus heureuse, n'est-ce pas? Tu la plieras et tu la cacheras dans ton sein, comme un avare cache son trésor, et quand tu seras seule dans ta chambre, couchée entre ta lampe et ton grand Christ qui te bénit chaque jour du fond de ton alcôve, tu rouvriras cette lettre et tu la liras encore, et tu remercieras l'image du Dieu qui a mis des joies si pures dans le cœur de ses créatures.

» Oh ! oui, le monde est bon. Oui, il y a encore de bonnes et chastes sensations dans la vie, de bonnes larmes à répandre, de bonnes pensées à avoir. J'ai besoin, malgré moi, de m'en bien convaincre à l'aide de ton souvenir, car aujourd'hui j'ai eu une des plus tristes émotions de ma vie.

» Moi qui t'ai toujours tout confié, je ne puis cependant te confier celle-là. Elle ne m'appartient pas, mais tu t'y trouves mêlée encore, puisqu'avec Dieu tu m'en consoles.

» Tranquillise - toi cependant, ma bonne mère, il ne m'est arrivé aucun malheur, et je n'en ai point à redouter.

» Que la vie a de phases singulières !

C'est aujourd'hui le 20 septembre 1833, j'ai aujourd'hui vingt-quatre ans ! Je ne puis m'empêcher de songer à ce qui se passait ce jour-là dans notre petite maison. Je venais de voir la lumière; il y avait donc un être de plus au foyer, petit être qui venait compléter la trinité de la famille, — le père, la mère et l'enfant.

» Je vais te revoir bientôt et nous serons trois au foyer, et cependant un de ceux qui étaient là est mort, mais un autre est venu et a pris sa place, puisque Blanche est née huit ans après moi et que notre pauvre père est mort deux ans après sa naissance.

» Quelle admirable chose que cette

transmission de la vie, qui fait qu'un être continue à vivre dans d'autres !

» Ainsi mon père est mort, matériellement mort, mais l'âme qu'il avait, nous nous la sommes partagée, Blanche et moi, et il vit en nous. Ce n'est plus le même visage, mais ce sont les mêmes pensées, la même foi, les mêmes sentiments. Il eût eu dix enfants, qu'il eût revécu dix fois sur cette terre, tandis que son âme serait cependant retournée tout entière vers Dieu.

» Oh ! ma mère, que la religion qui nous a révélé tous ces mystères est une belle et grande chose, et que l'on a raison de se dévouer à elle !

» Mon père était bien ému ce jour-là, tu me l'as dit souvent. Il était pâle, et, les yeux fixés sur toi, il attendait, en murmurant une ardente prière, que tu jetasses le cri qui devait annoncer la fin de tes douleurs et le commencement de ma vie. Et j'arrivai dans ce monde, pauvre et chétif, et il me prit dans ses bras, et il s'agenouilla, et tous deux vous vous mîtes à pleurer les larmes de de le reconnaissance.

» Voilà que je suis grand aujourd'hui; voilà que cet enfant, qui ne pouvait se remuer, qui était sans regard, sans voix et sans force, a franchi des milliers de lieues, a touché du doigt le bout du monde, a été aussi loin que possible à la rencontre du Seigneur ; voilà que son cœur sent, que son intelligence saisit toutes choses ; et il en est ainsi de tous les hommes. Que cela est beau ! que cela est grand !

» Aujourd'hui, je vois ce que tu as fait, chère mère. Pour l'anniversaire de la naissance de ton fils, cette date que les mères n'oublient jamais, tu es entrée dans ma chambre, et là, tu as pensé à moi.

» Tu as touché toutes les choses qui peuvent me rappeler le plus vite à ton souvenir, et tu as vécu dans ma vie. Tu t'es dit : où peut-il être à cette heure ? et tu t'es mise à regretter cette envie dont j'ai été pris un jour de visiter le monde et de connaître.

» Puis, comme moi, tu t'es rappelé les vingt-quatre années qui se sont écoulées depuis ma naissance, et tu as redescendu dans le passé l'échelle des souvenirs heureux. Admirable chose que cette sympathie qui fait que, séparés par des milliers de lieues, deux êtres qui s'aiment, un frère et une sœur, une mère et un fils, peuvent avoir, le même jour, la même pensée, et communiquer ensemble par les invisibles chaînons du cœur.

» Et tandis que tu remerciais Dieu de m'avoir donné à toi, je le remerciais de m'avoir fait naître ton fils. De quels soins pieux tu as entouré mon enfance ! quelles excellentes choses ton esprit et ton cœur ont semées dans mon cœur et dans mon esprit. Le peu que je puis valoir, c'est à toi que je le dois.

» Laisse-moi donc t'en remercier, bonne et sainte mère.

» Sans doute tu as été visiter aussi la tombe paternelle, car tu donnes la même dévotion à ton époux et à ton enfant, tous deux loin de toi, l'un pour toute la vie, l'autre pour quelques mois encore. Tu as été t'agenouiller sur cette tombe où nous avons déposé un jour celui que nous aimions, et qui était mort en nous souriant.

» Pendant que nous pleurions tous

les deux cet amour que Dieu nous reprenait, Blanche, qui n'avait que deux ans alors, et qui ne comprenait rien aux larmes, nous regardait avec ses grands yeux bleus étonnés, et quand nous revînmes du cimetière, nous la trouvâmes jouant dans le jardin. Le Seigneur, dans son éternelle justice, refuse la douleur aux cœurs qui seraient trop faibles pour la supporter; mais le cœur n'y perd pas ses droits cependant, car, lorsque l'enfant a grandi, il a par le souvenir la douleur qu'il n'a pas eue par l'impression.

» Ainsi, quoique Blanche ait à peine vu son père, quoiqu'elle ne puisse se rappeler ses traits, elle ne prononce pas son nom sans que des larmes montent de son cœur à ses yeux. C'est que ce genre de douleur est bien plus dans les souvenirs que la mort de l'être aimé fait renaître dans l'esprit, que dans la mort elle-même, voilà ce qui la fait longue et quelquefois éternelle.

» Quand, nous penchant sur le corps de celui que nous ne reverrons plus, nous nous rappelons que ce regard éteint se fixait jadis avec amour sur nous, que cette bouche nous couvrait de baisers quand nous étions enfant, nous donnait de bons et sages conseils quand nous devenions un homme; que ce cœur qui a cessé de battre était plein d'affection, d'inquiétudes, de terreurs pour notre avenir; et, quand nous voyons toute cette habitude de vie rompue, brisée en une minute, et que les caresses dont nous couvrons le mort ne le font plus sourire, et que nos cris ne peuvent le réveiller, alors, oh! oui, alors nous ressentons une douleur énorme, et nous nous sentons ensevelir sous cette douleur comme sous une montagne.

» C'est à ce moment qu'on entend le bourdonnement des moments heureux dûs à celui qu'on pleure, et qui viennent chanter autour de notre tristesse, comme des oiseaux libres autour d'un oiseau prisonnier. On croit que l'on ne se consolera jamais. La vie y paraît insuffisante, et l'on se laisse tomber au fond de sa douleur. Là, on trouve Dieu, car il est au fond de tout, qui vous relève, et vous dit d'espérer encore.

» Comme tu le vois, ma mère, c'est toujours à Dieu que j'arrive, quelque chemin que je prenne.

» Adieu, ma bonne mère.

» Voici une de ces bonnes et longues causeries toutes filiales et toutes chrétiennes, comme ton cœur sait les comprendre, et comme nous en avions si souvent, lorsqu'assis à côté l'un de l'autre, par un beau soir de printemps ou d'automne, notre doux entretien se colorait des teintes mélancoliques du passé.

» Bientôt, nous reprendrons, je l'espère, cette tranquille habitude pour ne l'abandonner que lorsqu'il plaira au Seigneur de rappeler l'un de nous à lui.

» Embrasse tendrement ma sœur Blanche, et dis-lui bien que ma pensée est pleine de rêves et de vœux pour elle.

» Je voudrais continuer encore cette lettre, mais je tiens à l'aller porter moi-même au débarcadère, et j'ai une assez longue distance à parcourir pour y arriver, car la ville est séparée de la mer par un véritable désert de quatre lieues.

» Ton fils,

» Félicien PASCAL. »

Cette lettre terminée, Pascal se sentit heureux. Elle faisait un contraste si frappant avec la confession de Joseph, elle était si bien l'expression d'un cœur qui suit le sentier droit de la vie, que Félicien se reposa dans la lecture de cette lettre écrite par lui, comme le voyageur lassé se repose sous la tente qu'il a dressée lui-même.

Puis, il la cacheta, y mit l'adresse, et prenant son bâton et son chapeau, il quitta l'hôtel où il était descendu et s'achemina vers la mer, en compagnie de voyageurs qui allaient s'embarquer sur *le Nicolas*.

Comme eux, il monta sur un mulet sans bride et sans étriers, couvert d'un sac de toile grise en guise de selle.

Des nègres, qui marchaient à côté des voyageurs étaient chargés de conduire leurs montures.

De lourds chariots, chargés de marchandises à exporter, traînés par des bœufs qui se dandinaient sous le joug, complétaient cette caravane, et les conducteurs de ces chariots, la main gauche appuyée sur le dos des bœufs, dormaient tout en marchant.

Au loin la mer coupait d'une

ligne plus foncée l'azur du ciel avec lequel elle fermait l'horizon.

Le *Nicolas* paraissait, à la distance où il se trouvait, gros comme une coquille de noix.

Félicien ne venait pas seulement à bord pour remettre la lettre à M. Maréchal, le docteur qui s'était chargé de la faire tenir à madame Pascal, il venait aussi pour savoir si Joseph était mort, et comment il était mort.

Enfin, la distance s'effaça peu à peu; on toucha le rivage, et, au milieu des mille cris d'un embarquement, Pascal monta dans une des barques qui attendaient au débarcadère.

Une demi-heure après, il était sur le pont du *Nicolas.*

— Mon cher docteur, dit-il à M. Maréchal, vous m'avez promis de remettre une lettre de moi à ma mère ?

— Et j'accomplirai avec joie cette promesse.

— Vous verrez une digne et sainte femme, une belle et charmante jeune fille. Vous ne les connaissez pas encore, mais vous leur direz que vous m'avez connu, et elles vous aimeront tout de suite, d'abord pour cela, puis pour vous-même. Vous les embrasserez comme je vous embrasse, et vous leur annoncerez mon retour.

— Combien de temps resterez-vous au Cap?

— Deux ou trois mois, vous savez ce que sont les héritages et les gens d'affaires. On n'en finit jamais avec eux.

— Comptez sur moi.

— Et maintenant, comment va M. Valery?

— Regardez, répondit le docteur.

Et du doigt il montrait un mousse occupé à coudre un boulet dans un sac.

— Qu'est-ce que cela signifie?

— Cela signifie qu'on prépare le boulet qu'on va lui attacher aux pieds quand on va le jeter à la mer.

— C'est donc fini?

— Non, car il peut se vanter d'avoir la vie dure comme un chat, cet homme ; mais nous n'attendons que son dernier soupir pour nous en débarrasser. Il est impossible qu'il en revienne, et ce serait charité pour lui et pour nous de lui épargner les derniers moments de l'agonie. Ce gaillard-là serait capable d'empester tout le bâtiment. Personne n'ose plus l'approcher. Restez dix minutes avec nous, et vous verrez son enterrement, si l'on peut donner ce nom à cette cérémonie.

— Non, fit Pascal, je ne veux pas voir cela.

— Alors, adieu, mon frère ; car cela ne tardera pas.

Les deux hommes s'embrassèrent cordialement.

Pascal tout rêveur, redescendit dans la barque, après avoir serré la main au capitaine.

La barque s'éloigna rapidement.

Comme elle abordait au rivage, il entendit deux coups de canon.

C'étaient les adieux du *Nicolas*, qui reprenait la mer.

— C'est sans doute fini maintenant pour ce malheureux, murmura Pascal, en adressant une prière au Seigneur pour le repos de l'âme de Joseph. Orgueil de l'homme! voilà donc où tu vas!

LE RETOUR.

XIX.

Comme il l'avait prévu, Pascal resta trois mois au Cap.

Il lui fallut ce temps pour recueillir l'héritage qu'il devait rapporter à sa sœur, le parent dont il héritait étant mort sans testament, et ayant laissé des affaires assez embrouillées.

Puis, qu'elles soient claires ou non, les successions ne se recueillent jamais vite. L'argent a un tel attrait, que ceux-là même qui n'en sont que les dépositaires, mettent le plus de temps possible à le rendre à ceux à qui il appartient. Il leur semble que tant qu'il est dans leur caisse, il est à eux, et peut-être même nourrissent-ils une secrète espérance de le garder toujours, et de finir par se l'approprier.

La fin de décembre était donc arrivée.

C'était une mauvaise époque pour entreprendre un long voyage par mer;

mais Félicien ne songeait qu'au plaisir de revoir sa mère et sa sœur, et d'entrer le plus tôt possible dans la carrière qu'il avait choisie, si l'on peut donner le nom de carrière à une mission apostolique.

Ces trois mois passés au Cap, il les avait employés à compléter ses études en théologie, commencées au séminaire ; car, comme on le pense bien, les affaires ne l'occupaient pas toujours, et il n'avait plus qu'à se présenter à l'évêque pour être ordonné prêtre.

Il partit donc, et, à la fin du mois d'avril 1834, il toucha la terre de

France, en poussant ce cri de joie que pousse tout homme qui revoit le sol natal.

Puis, pour ne rien perdre de ses impressions, pour savourer plus à l'aise le retour, quoiqu'il eût hâte de revoir sa chère famille, il voulut faire à pied la route qui le séparait d'elle. Il fit partir ses bagages dans une voiture, et lui, son petit sac suspendu à son bâton, il se mit en route, suivant des chemins qu'il ne connaissait pas, mais dans lesquels il lui était indifférent de se perdre, parce qu'ils étaient ceux de son pays. Il faut avoir voyagé longtemps, s'être exilé volontairement ou l'avoir été, pour comprendre les joies vraiment grandes qu'il y a à fouler la terre paternelle.

La nature se transforme tout-à-coup et vous sourit comme ne vous a souri aucune nature, si belle qu'elle soit. L'air semble plus léger, la route moins rude, et je mets en fait qu'on se fatigue moins à faire quinze lieues à pied sur le sol aimé, qu'à faire dix lieues dans le plus beau pays du monde, si c'est un pays nouveau.

Pascal marchait donc d'un pas rapide, heureux, jeune, franc, trouvant Dieu à chaque halte de la route, saluant les croix de bois et de pierre qui poétisent les chemins, et sur les marches desquelles s'asseoient les glaneuses lassées, ne s'arrêtant que pour prendre un frugal repas ou quelques heures de sommeil, se remettant en route avec l'aube, et aspirant, dans toute leur nouveauté, les douces et pures exhalaisons du printemps.

Les plaines, les collines, les montagnes qu'il avait eu à traverser, s'effaçaient peu à peu derrière lui ; il arrivait ; mais à mesure qu'il approchait du terme de son voyage, des pressentiments vagues, et que tout homme a subis s'il s'est trouvé dans la même position que Félicien, s'emparaient de son âme.

Quand vous êtes resté longtemps loin des êtres que vous aimez, loin de ceux qui gardent une partie de votre cœur quand vous vous éloignez d'eux; quand le chemin que vous faisiez vous permettait de leur écrire souvent sans qu'ils pussent vous écrire à vous, voyageur rapide que leurs lettres n'eussent pu rejoindre; quand, après plusieurs mois d'absence, vous reveniez les trouver, n'étiez-vous pas frappé tout-à-coup de cette idée : que depuis longtemps vous n'aviez pas reçu de leurs nouvelles, que la vie est chose bien fragile et qu'on peut retrouver vides les maisons qu'on a laissées pleines.

Vous vous disiez : Si le hasard allait faire que ma mère fût morte hier et que j'arrivasse juste pour la voir ensevelir ! Cela se peut.

Si j'allais voir, tendue de noir, la maison de mon enfance ; si j'allais retrouver, autour d'une bière éclairée de cierges, tristes et le front baissé, les amis souriants de ma jeunesse ; ou bien si, quand je vais heurter à la porte que j'ai franchie si souvent sans me douter qu'un jour elle pourrait donner passage à un malheur, cette porte allait m'être ouverte par une personne inconnue qui me dirait : Qui demandez-vous ? et qui, au nom que je prononcerais en tremblant, répondrait : La personne que vous demandez est morte il y a longtemps ! et en fouillant dans mon souvenir je ne pourrais seulement pas me rappeler ce que je faisais le jour où ce malheur me serait arrivé. J'étais gai peut-être ! Peut-être je rêvais à l'avenir.

Si j'allais retrouver intactes et ensevelies sous leur cachet comme elle sous la tombe, les lettres que je lui écrivais de distance en distance pour relayer la douleur de la séparation et rapprocher fictivement le retour ! Si enfin là où je comptais trouver un être plein de vie qui m'eût serré dans ses bras avec toute l'énergie de son bonheur, et qui eût versé sur moi les larmes de la joie, j'allais ne trouver qu'un marbre avec un nom, et qu'un corps insensible chez lequel le bruit de mes pas tant espérés ne trouverait plus d'écho! Ce serait horrible !

Puis, ces pressentiments vagues passant bientôt dans votre esprit à l'état de probabilités, car rien n'est plus probable que la mort, vous étiez prêt à vous arrêter et même à retourner en arrière, le doute vous paraissant mille fois préférable à la certitude; car le doute, c'est un coin de l'espérance. Vous regardiez alors les choses qui vous entouraient, les arbres, les nuages, l'horizon, avec cet espoir que quelque changement de la nature vous avertirait du changement que vous redoutiez; mais la nature était toujours la même, car elle ne meurt pas, elle, et l'avenir ne trahissait rien de ses secrets.

Vous continuiez donc votre route en discutant avec vous-même, et un grand battement de cœur s'emparait de vous tout-à-coup. Vous étiez arrivé dans la ville ou dans le village.

Alors vous étudiiez les gens qui passaient. Oh! quelle joie vous ressentiez si le premier visage de connaissance vous souriait!

Vous n'aviez donc rien à craindre, puisqu'on souriait en vous voyant, car les hommes ne peuvent pas être assez méchants pour sourire ainsi à ceux qu'ils savent attendus par une douleur.

Cependant, une superstition toute naturelle vous empêchait de questionner ce premier sourire. Vous aviez son joyeux salut comme ôtage, et vous ne vouliez apprendre votre bonheur que de ceux qui pouvaient vous le donner tout entier. Vous avanciez alors avec plus de confiance, et reconnaissiez les choses d'autrefois.

De loin, vous aperceviez la maison où vous alliez. Rien n'était changé extérieurement en elle.

Votre émotion devenait si forte, que vous ralentissiez le pas, vous disant : ils sont là, ils ne se doutent pas que je suis si près d'eux. Ils parlent de moi sans doute, ils se demandent où je suis, ils me croient encore dans le pays d'où je leur ai écrit la dernière fois, et votre esprit se plaisait à composer le tableau que vous alliez avoir sous les yeux en franchissant cette porte aimée.

Enfin vous touchiez le marteau de cette porte, vous frappiez, votre bonne venait vous ouvrir, croyant ouvrir à un étranger, et, vous reconnaissant, elle se mettait à crier : C'est monsieur ! c'est monsieur !

Alors il se faisait un grand bruit de chaises, de baisers, de larmes, de questions, et vous voyiez tous vos pressentiments tristes se sauver par la porte ouverte, comme des voleurs qui n'ont pu rien voler.

Un des effets magiques du retour, c'est de faire disparaître en un instant de l'esprit le temps écoulé depuis le départ et les inquiétudes conçues pendant ce temps. Celui qu'on revoit, on croit instantanément l'avoir quitté la veille, et le soir même, il est tellement rentré dans sa vie passée et l'on est si franchement rentré dans la sienne, qu'on croit ne l'avoir pas quitté du tout.

C'est à ce moment que commence le récit des voyages, des accidents, des dangers courus, dont on peut rire, puisqu'ils sont passés ; puis le voyageur questionne à son tour, et demande des nouvelles de ceux qu'il a connus, et qui, lui absent, ont continué le long et difficile voyage de la vie.

Que de destinées changées! Ceux-ci sont partis, ceux-là se sont mariés... quelques-uns sont morts! Un souhait, un souvenir, une larme tombent sur chacun des noms prononcés, et tout est dit.

Le cœur a un côté égoïste, qui l'empêche de s'occuper longtemps des autres, quand il est complétement heureux, et le retour au milieu de gens aimés est un des bonheurs les plus complets de ce monde.

Pascal éprouvait ce que nous venons de dire.

Si vous l'aviez vu suivre le sentier

étroit, bordé de mûriers en fleurs, qui devait le mener à la maison de sa mère, vous auriez deviné dans ce voyageur solitaire l'inquiétude que nous venons d'essayer de décrire.

BLANCHE.

XX.

Le village, placé sur une hauteur, se détacha bientôt sur le ciel, avec le clocher massif de son église, clocher semblable au sommet d'une ruche.

Moncontour est dans une situation

charmante. Entouré d'amandiers et d'aubépines, il déroule tout autour de lui des collines soigneusement peignées par le fer de la charrue, et qui, là où elles sont restées vertes, sont animées par de grands bœufs blancs et roux qui les tondent, et qui, lorsque vous passez auprès d'eux, vous regardent avec ces yeux étonnés dont les bœufs ont le privilége.

La maison de madame Pascal était une des plus belles du pays, et elle était bien simple cependant. En arrivant par le chemin que suivait Félicien, c'était la première maison qu'il devait rencontrer, car elle était séparée des autres de la longueur d'un arpent environ.

Le jeune homme l'aperçut bientôt à travers un rideau de peupliers, souriante comme une jeune fille derrière son voile.

Dix minutes après, il s'arrêtait à la grille dont il parlait dans la lettre que nous avons transcrite, et, mettant la main sur son cœur, il sonnait doucement.

Ce fut le jardinier qui vint ouvrir à Pascal.

Le brave homme ne put retenir un cri en reconnaissant son maître.

Félicien lui tendit la main et la lui serra affectueusement.

— Où est ma mère? demanda-t-il.

— Ici, monsieur.

— Et ma sœur?

— Est avec madame, au fond du jardin. Je vais prévenir ces dames, qui vont être bien heureuses.

— Non, mon ami, restez là. Je veux avoir le plaisir de les prévenir moi-même.

Pascal poussa un bon soupir de joie, remercia mentalement Dieu, et se dirigea vers le fond du jardin qui s'étendait du côté de la campagne et qui était entouré d'un mur peu élevé.

Il aperçut sa mère et sa sœur qui se promenaient bras dessus, bras dessous, et en causant.

Il prit par l'autre bout de l'allée qu'elles suivaient ; et, s'avançant sur la pointe du pied, il se trouva tout-à-coup en face d'elles.

Rappelez-vous l'étonnement le plus heureux de votre vie, le plus grand cri de joie que vous ayez poussé, et vous aurez l'étonnement et le cri de madame Pascal.

Ne m'en demandez pas davantage. Il y a des choses qu'on sent et qu'on ne décrit pas.

Blanche ne manifesta pas de la même façon que sa mère le plaisir qu'elle éprouvait à revoir son frère. Elle pâlit en le voyant, et cette pâleur n'échappa point au jeune homme.

— Tu ne m'embrasses pas, toi, Blanche? lui dit-il.

— J'ai été tellement saisie, tellement heureuse en te voyant, répondit-elle d'une voix faible, que j'ai cru que j'allais me trouver mal.

En même temps, la belle enfant mettait la main sur sa poitrine pour contenir les battements de son cœur, et, revenue un peu de son émotion, elle se jetait au cou du voyageur.

A partir de ce moment Blanche ne quitta plus le bras de son frère et l'accabla de caresses et de touchantes questions.

— Raconte-nous tes voyages, confie-nous tes projets; comment es-tu venu?

disait-elle. Pourquoi ne nous as-tu pas averties du jour de ton arrivée ?

— Je suis venu à pied, répondit Pascal, et cela, depuis Nantes.

— Alors tu dois être bien fatigué, tu dois avoir besoin de repos.

Et Blanche sans attendre la réponse de son frère, l'emmenait dans la salle à manger, où sa mère prépara tout de suite le repas du retour, ne voulant pas, dans sa superstition maternelle, abandonner ce soin à des mains étrangères.

Blanche s'assit alors tout près de son frère, et les deux jeunes gens se prirent les mains en souriant.

Félicien ne se lassait pas de la considérer, tant elle était belle. Ces beaux cheveux ondés avec des reflets d'or, cette peau blanche et si fine, qu'elle laissait presque voir la vie circulant dans les veines, ces grands yeux bleus, brillants et humides comme une fleur couverte de rosée, ce nez fin aux narines transparentes, cette bouche étroite, pourprée, entr'ouverte comme pour laisser voir les dents plus blanches que les plus blanches perles, ce cou souple et élégant, tout cet ensemble merveilleux, qui le jour où on l'avait baptisée, avait fait donner à la sœur de Pascal le doux nom de Blanche, était pour le jeune homme un spectacle dont il ne se pouvait rassassier.

Par la vie qu'il avait choisie, Blanche était la seule femme que Félicien pût aimer; aussi cet amour fraternel s'augmentait-il un peu des autres amours qui lui étaient interdits, ou plutôt qu'il s'était volontairement fermés. Mais il lui était permis d'admirer ce qui était beau, d'aimer ce qui était bon, et comme Blanche était bonne et belle, il avait tout l'idéal de l'amour dégagé de la matière et de la passion.

Cette affection était si jalouse, si prévenante, si craintive, que, comme on vient de le voir, elle s'effrayait du moindre nuage.

— Blanche, ma sœur adorée, s'écria tout-à-coup le jeune homme en prenant dans ses mains la tête de la belle enfant, et en posant ses lèvres sur son front, dis-moi que tu es heureuse.

— Oui, je suis heureuse, bien heureuse, mon frère! répondit Blanche avec conviction.

— Alors, maintenant j'ai faim.

Madame Pascal rentrait en ce moment dans la salle, apportant des assiettes pleines.

Son fils se mit à table entre elle et sa sœur.

Les questions recommencèrent.

— Nous reviens-tu pour toujours? demanda la mère.

— Oui, ma bonne mère, et cependant je serai forcé de vous quitter un mois, peut-être.

— Où iras-tu donc ?

— Dans le midi de la France.

— Quel est le but de ce voyage ?

— Les dernières volontés d'un mourant à accomplir, d'un mourant dont j'ai reçu la confession.

— Tu as reçu la confession ?

— Oui, ma mère ; et dès demain j'irai voir monseigneur l'évêque de Niort, à qui je me confesserai à mon tour de cette faute, car c'en est une, puisque je n'étais pas encore ordonné quand j'ai reçu cette confession. Mais comme je l'ai recueillie avec la plus grande foi, comme ma résolution de me consacrer à Dieu n'a point changé, comme de cette confession il peut résulter un grand bien pour la religion et pour plusieurs personnes, j'espère que monseigneur l'évêque me la pardonnera.

Mais tranquillise-toi, ma bonne mère, je ne partirai que lorsque je serai prêtre, et cela va prendre encore un peu de temps.

— A mon tour, maintenant. Sais-tu ce que j'ai fait, moi, pendant ton absence ?

— Non, ma bonne mère : mais ce que tu as fait est bien fait, j'en suis sûr.

— Je suis allée à Niort.

— Pourquoi?

— Pour voir l'évêque.

— Et tu l'as vu?

— Oui; et je lui ai parlé de toi, et je lui ai montré tes lettres.

— Alors...

— Alors, il m'a dit que je t'envoie à lui aussitôt que tu serais revenu, et il a fait dire à M. le curé qui allait changer de diocèse d'attendre jusqu'à nouvel ordre. Comprends-tu ce que cela veut dire?

— Oui, je crois comprendre, fit Pascal avec joie, que, grâce à toi, ma mère, ce sera moi qui remplacerai notre bon curé.

— Justement; ai-je bien fait?

— Tu le demandes !

— Demain, de bonne heure, je me mettrai en route, reprit Félicien.

— Mais, pour cela, il faut que tu sois bien reposé. Blanche, va dire qu'on prépare pour ton frère la chambre qui l'attend depuis si longtemps, et veille toi-même à ce qu'il ne manque rien, car il va dormir un peu, n'est-ce pas, cher enfant?

La mère et le fils s'embrassèrent encore, car c'est là l'éternelle éloquence des mères et des enfants qui se revoient après une longue séparation.

Blanche quitta la salle pour faire ce que madame Pascal venait de lui dire; mais avant d'entrer dans la chambre de son frère, elle entra dans la sienne, et après s'être assurée qu'elle ne pouvait être vue, elle prit un morceau de papier, sur lequel elle écrivit à la hâte et en tremblant quelques mots.

Puis, sans se donner la peine de plier ce papier, elle le froissa dans ses mains et le cacha dans le corsage de sa robe, en attendant sans doute qu'elle pût le faire parvenir à son adresse.

Lorsqu'ensuite Blanche quitta sa chambre, son émotion était grande, et elle fut forcée de s'appuyer au mur pour ne pas tomber.

Ce qu'elle venait de faire était donc bien mal ?

LE SECRET DE BLANCHE.

XXI.

Quand Blanche eut fait préparer la chambre de son frère, elle redescendit et le lui annonça; puis, pendant qu'il s'y rendait, elle courut au fond du jardin.

Là, elle entr'ouvrit une petite porte qui donnait sur la campagne, et, sortant à moitié, elle détacha une pierre mobile du mur extérieur.

Dans la cavité que laissait cette pierre une fois détachée, elle déposa la lettre qu'elle venait d'écrire, replaça la pierre dans l'état où elle était auparavant, rentra dans le jardin, referma la porte et remit la clé dans sa poche, clé qu'elle s'était procurée en cachette de sa mère, qui croyait avoir la seule.

Elle revint ensuite tenir compagnie à madame Pascal, et les deux femmes s'entretinrent des heures entières du bonheur que Dieu leur avait envoyé dans la journée avec le retour de Félicien.

Vers quatre heures du soir, le jeune homme se réveilla, et trouva l'une et l'autre à son chevet.

A peu près au même moment, un homme à cheval s'arrêtait dans la campagne, à côté de la petite porte que Blanche avait ouverte le matin, et sans avoir besoin de quitter les étriers il détachait la pierre qui cachait la lettre, et s'en retournait en lisant ce que cette lettre contenait.

Le cheval était une bête magnifique.

Quant à celui qui le montait, et qui pouvait avoir trente ans, il était beau, d'une beauté de roman, c'est-à-dire qu'il était grand, pâle, sans barbe, avec des yeux d'un bleu de saphir et de beaux cheveux blonds et abondants. Mis, du reste, avec la plus grande élégance, il maniait habilement sa monture.

Quand il eut pris lecture de la lettre de Blanche, lettre qui lui était destinée, il la replia avec soin et l'enferma dans un petit portefeuille, où se trouvaient déjà plusieurs billets de la même écriture ; puis, mettant son cheval au grand trot, il arriva bien vite à une charmante maison, tenant du château, entourée d'une soixantaine d'arpents de bois, et bâtie sur une colline, à une lieue environ de la demeure de madame Pascal.

Arrivé à la grille de cette maison, le cavalier jeta la bride de son cheval aux mains d'un valet d'écurie qui attendait son retour, et, passant dans un riche salon, au rez-de-chaussée, il sonna.

— Vous préparerez la berline de voyage pour demain, dit-il au domestique qui parut.

— M. le comte part?

— Oui.

— A quelle heure M. le comte partira-t-il?

— A midi.

— Je commanderai les chevaux pour onze heures?

— Oui.

— Monsieur le comte part seul?

— Seul.

— Alors deux chevaux suffiront?

— Parfaitement.

Le domestique se retira.

Le comte passa le reste de la journée à écrire, à se promener, à rêver surtout, car il semblait livré à une pensée grave, et toujours la même.

A dix heures du soir, il monta à cheval et reprit la route qu'il avait suivie le matin.

A cent pas de la petite porte que nous connaissons, il attacha son cheval à un arbre, et fit à pied le chemin qui le séparait du mur confident.

Alors il s'assit sur une borne, et, posant ses coudes sur ses genoux et sa tête dans ses mains, il continua ses longues et soucieuses réflexions.

Qui eût vu cet homme ce soir-là ne se fût pas douté qu'il venait à un rendez-vous d'amour.

Il y avait à peu près une demi-heure qu'il attendait, ou plutôt qu'il était assis là, car il était tellement absorbé qu'il avait peut-être oublié lui-même qu'il attendait quelqu'un, quand la petite porte s'ouvrit.

Blanche passa craintivement la tête

par la porte entr'ouverte, et, d'une voix douce, elle appela :

— Frédéric !

Le jeune homme releva la tête, et un sourire inaccoutumé éclaira son visage à la vue de Blanche.

La nuit était obscure et un peu froide.

— Je suis en retard d'une demi-heure, dit Blanche au comte, pendant qu'il prenait la jeune fille dans ses bras, et la pressait contre son sein, me pardonnez-vous ?

— Je vous eusse attendue toute la nuit, Blanche, et sans vous en vouloir de votre absence.

— Que vous êtes bon !

— Non, je vous aime, voilà tout.

Frédéric avait dit : Je vous aime, d'une voix étrange. Un autre n'eût pas dit autrement : Je vous hais.

— Suivez-moi, lui dit Blanche, qui, malgré elle, avait tressailli à l'intonation que son amant avait donnée à ce mot d'amour, mais qui y était sans doute habituée, car en même temps elle prenait la main de Frédéric.

— Où me menez-vous ? demanda le comte.

— Au pavillon.

— N'est-ce pas une imprudence ? fit-il en hésitant.

— Ne craignez rien, tout le monde dort.

— Même votre frère?

— Surtout mon frère, qui, depuis plusieurs jours, voyage à pied.

— Comme je vous l'ai écrit ce matin, je craignais bien de ne pouvoir m'échapper ce soir, Frédéric, dit Blanche à voix basse, et en s'asseyant sur un coussin, aux pieds du comte ; je tremblais que Félicien ne veillât et ne me gardât auprès de lui. Voyez comme je vous aime, mon ami! Pour vous, je regrette presque le retour de mon frère bien-aimé, qui n'aime que Dieu, ma mère et moi.

— Vous m'aimez donc? fit le comte en regardant la jeune fille et en passant sa main blanche et froide dans les cheveux dorés de la belle enfant.

Ainsi votre frère est revenu ? reprit-il, changeant brusquement de conversation.

— Oui.

— Que vous a-t-il dit en revenant?

— Ce qu'un frère dit à sa sœur. Il m'a embrassée, mais comme son retour me faisait craindre de ne plus vous voir aussi souvent que par le passé et que je ne sais pas feindre, je suis devenue triste. Alors il m'a demandé ce que j'avais.

— Et vous lui avez dit?

— Que je n'avais rien. Et cependant, Frédéric, bientôt, n'est-ce pas? je pourrai tout lui avouer.

— Oui, ma Blanche bien-aimée ; oui, ton frère saura tout

— Comme vous dites cela, Frédéric ! cettte phrase dans votre bouche ressemble presque à une menace.

— Es-tu folle?

— Quel homme étrange vous êtes, et quel mystérieux pouvoir avez vous donc en vous? Savez-vous bien que, depuis que je vous connais, depuis que vous m'avez dit que vous m'aimiez, ma vie ne m'appartient plus? votre pensée a pris en moi la place de mon âme. Ah! c'est que vous n'êtes pas un homme comme les autres, car je suis bien sûre que je n'eusse point aimé un homme ordinaire, et je vous aime d'un amour que nulle autre peut-être n'a ressenti avant moi.

Vous souriez, laissez-moi croire que je ne me trompe point, laissez-moi cette consolation de penser que j'ai cédé à une force invincible, et que, quoi que j'eusse fait, je n'eusse pu vous échapper. Nous autres femmes, nous espérons toujours que Dieu aura fait pour nous des émotions inconnues jusqu'alors, et que les raisons que nous nous donnons ont en elles-mêmes l'excuse de notre faute.

Séparé de moi par dix lieues, par cent lieues, par un monde, vous me feriez vivre et agir comme vous le voudriez. Vous n'auriez qu'à étendre la main, je subirais votre volonté.

Quand j'essaie d'exister en dehors du cercle que votre amour a tracé autour de moi, je suis comme une folle, je me heurte à tout comme une insensée, je chancelle comme un homme ivre, l'air me manque, et, malgré moi, il faut, si je ne veux pas tomber, que je prononce votre nom et que je me rattache à votre souvenir.

Que vous dirai-je de plus, Frédéric ? moi, élevée dans le pieux et saint respect de Dieu, fille d'une mère pure comme la Vierge, d'un père que le Seigneur lui-même devait estimer, sœur d'un homme de bien, s'il en fut, pour vous j'ai tout sacrifié : mon repos, mon avenir, mon honneur. Voulez-vous ma vie ? prenez-la. Voulez-vous que je vous suive ? voulez-vous que je trompe tout ce qui m'aime, que je me déshonore aux yeux de tous ? dites un mot, je suis à vous.

Est-ce de l'amour que je ressens ? je l'ignore ; mais quoi que cela soit, c'est un sentiment, presque douloureux par moments, toujours plus fort que ma volonté et contre lequel je me brise, car je ne le comprends pas. Enfin contre vous je ne puis rien, pour vous je puis tout, excepté de cesser de vous voir.

PROJETS.

XXII.

Frédéric, la main sur la tête de Blanche, le regard fixé sur elle, écoutait sans émotion extérieure les mots qu'elle lui disait, et qui eussent dû sortir de sa bouche plutôt que de celle de la jeune fille, car c'était sans doute avec les mêmes mots qu'il avait pris sur elle l'empire qu'il exerçait maintenant

Seulement, ces mots avaient été, dans sa bouche, ce qu'est une épée dans la main d'un grand tireur, et dans la bouche de Blanche, ils étaient ce qu'est une arme dans les mains d'un enfant qui ne peut blesser personne, mais qui peut se blesser lui-même. Autant ils avaient eu de force sur la sœur de Félicien quand elle les avait entendus, autant ils en avaient ou paraissaient en avoir peu sur Frédéric, qui les entendait.

— Et que compte faire votre frère? demanda le jeune homme, après avoir répondu par un sourire à tout ce qu'il venait d'entendre.

— Que vous importe mon frère, Frédéric, quand je vous parle de vous et de moi ? Je suis toute au bonheur de vous voir, et quand je vous entretiens de mon amour, qui vous est cher, dites-vous, vous me demandez une chose qui doit vous être bien indifférente, puisque je n'y pense pas, moi, qu'elle devrait préoccuper.

— Cela prouve que je m'intéresse à tout ce qui vous touche, Blanche. Répondez-moi donc.

— Eh bien ! fit la jeune fille, Félicien part demain comme je vous l'ai écrit.

— Où va-t-il?

— Il va à Niort, voir monseigneur l'évêque.

— Ensuite?

— Ensuite, il reviendra ici, il recevra les ordres, et remplacera, sans aucun doute, le curé de notre paroisse.

— De sorte qu'il ne vous quittera plus?

— Si. Il doit s'absenter un mois encore.

— Pour aller?

— Dans le midi de la France, je crois.

— Et que va-t-il faire, de ce côté?

— Je n'en sais trop rien. Une confession qu'il a reçue, du bien à faire, les dernières volontés d'un mourant à remplir,

— Mais il ne partira pas avant un mois?

— Oh! non.

— En tout cas s'il voulait partir, Blanche, vous le retiendriez.

— Pourquoi?

— Oublieuse! Avant toutes choses, avant tous ses autres devoirs, ne faudra-t-il pas qu'il nous marie, comme cela est convenu ?

Ne vous ai-je pas dit, Blanche, quand vous m'avez annoncé que vous aviez un frère qui se destinait aux ordres, et qui serait prochainement auprès de vous, ne vous ai-je pas dit qu'une fois qu'il serait de retour, vous seriez ma femme, parceque je voulais que ce fût lui qui nous mariât? Je suis superstitieux, et la bénédiction de votre frère, qui est un homme de bien et qui vous aime, portera bonheur à notre amour. N'est-ce pas cela que j'ai promis, n'est-ce pas cela que vous voulez, ma Blanche bien-aimée?

Il faut que votre frère ignore maintenant tout ce qui s'est passé entre nous.

— Il l'ignorera.

— Vous ne le lui direz, Blanche, vous entendez bien, que lorsqu'il aura reçu les ordres.

— Pourquoi?

— Comment! vous ne comprenez pas, enfant, que notre amour, si vrai qu'il soit, tout vrai qu'il est, est une faute aux yeux du monde, et serait un crime aux yeux de votre frère? Qui sait alors si cet aveu n'empoisonnerait pas les joies de son retour et ne le ferait pas dévier de sa vocation?

Quoique cette faute soit réparable, la réparation ne pourrait avoir lieu tout de suite; ce serait donc plusieurs jours d'inquiétudes et de tourments pour Félicien. Au lieu de cela, Blanche, lui cacher soigneusement l'état de votre âme, c'est le laisser pieusement et sans que rien l'en puisse distraire, se consacrer à Dieu; et quand il sera prêtre, quand sa mission sera de bénir et de pardonner, nous irons sans crainte à lui, et nous lui dirons : Nous nous aimons depuis longtemps, nous venons vous demander de nous pardonner et de nous unir. Le prêtre absoudra la femme, le frère bénira la sœur, et votre mère elle-même ignorera la vérité.

Notre bonheur passé se fondra dans le bonheur avenir et ne sera connu que de nous, de votre frère et de Dieu.

Me comprenez-vous, Blanche?

— Vous avez raison, ami, toujours raison.

Il y eut un moment de silence.

— Et maintenant, adieu, reprit Frédéric.

— Vous me quittez déjà ?

— Oui. Il faut éviter tout ce qui pourrait nous trahir. Rappelez-vous que nos relations, surprises en ce moment, pourraient faire le désespoir de votre frère.

— C'est juste. A demain alors.

— Non, Blanche, pas à demain.

— Demain je ne vous reverrai pas ! s'écria la jeune fille avec une sorte d'effroi.

— Non.

— Où serez-vous donc ?

— Sur la route de Paris, où il faut que j'aille. Les papiers nécessaires à notre mariage sont là, chère enfant, il vaut mieux que je les recueille tout de suite que d'attendre. De cette façon, nous ne perdrons pas de temps.

— C'est pour cela que vous allez à Paris?

— Je vous le jure.

— Et vous reviendrez?

— Dans cinq ou six jours au plus tard.

— Que vais-je devenir pendant ces jours-là?

— Vous penserez à moi, Blanche?

— Je ne ferai que cela, vous le savez bien.

— Dès que je serai de retour, je vous préviendrai.

— Comment?

— Par une lettre que je déposerai dans le mur.

— Que vous êtes bon, Frédéric, et que je vous aime !

En prononçant ces paroles, Blanche pleurait ; mais elle se hâta d'essuyer ses yeux.

— Blanche, Blanche, lui dit Frédéric d'une voix un peu grondeuse, si vous voulez que je vous aime toujours, ne pleurez jamais.

— Je ne pleure pas, mon ami, je ris, au contraire, regardez.

Et la jeune fille, en effet, faisant un effort sur elle-même, riait des lèvres, tandis que de nouvelles larmes perlaient à ses yeux.

Frédéric fit un mouvement d'impatience.

— Ainsi, continua Blanche en réunissant toutes ses forces pour retenir ses larmes, et pour sourire, ainsi, vous serez de retour dans six jours?

— Oui.

— Quel bonheur! Mais, mon ami, si vos affaires ou vous plaisirs vous retiennent plus longtemps à Paris, ne vous inquiétez pas de moi. Je prierai en vous attendant, et je serai heureuse que vous soyez heureux.

Et la pauvre jeune femme, maîtresse momentanément de son émotion, souriait comme une esclave qui redoute son maître.

— Bien, Blanche, dit Frédéric, que ne trompaient cependant pas ces paroles, mais qui voulait paraître y croire, bien, j'aime à vous voir ainsi, soyez toujours de même, ayez confiance et tout ira bien.

Le comte déposa un dernier baiser sur les lèvres de la jeune fille qui se pendait à son cou, et, après avoir éteint la lampe, il ouvrit la porte et disparut dans la campagne.

Blanche, restée seule, s'appuya contre la muraille et fondit en larmes, en mumurant :

— Cette absence est toute naturelle ; d'où vient qu'elle a pour moi l'aspect d'un malheur.

ROBERT.

XXIII.

Blanche passa une partie de la nuit à errer dans le jardin et à demander à l'air frais de la nuit le calme et le repos qu'elle n'eût pu trouver dans sa chambre; car, elle le sentait bien, le sommeil ne fût point venu à elle.

Quand bien même il n'a encore amené aucun malheur avec lui, l'amour, l'amour mystérieux et qui se cache, une fois qu'il est entré dans le cœur d'une jeune fille, en chasse tout ce qui n'est pas lui, et prenant violemment ses aises, il s'y promène en conquérant et lui donne d'effroyables secousses.

Où la mènerait cet amour? Blanche ne le savait pas, elle ne voulait pas le savoir.

Quand, pendant ses heures de solitude, elle réfléchissait et se demandait comment un si grand bouleversement s'était fait dans sa vie, elle ne trouvait rien à se répondre.

Le temps qu'elle avait vécu avant de connaître Frédéric, elle ne se le rappelait pas; puis lorsque, du passé, son esprit passait à l'avenir, quand les sombres probabilités d'un pareil événement se dressaient devant elle, elle fermait les yeux, et c'est alors qu'elle refusait de regarder.

Elle était semblable aux gens endormis qui, poursuivis d'un mauvais rêve, se voient entrer dans une rivière sans savoir nager. Ils prévoient qu'ils vont périr; mais la main qui les pousse est plus forte que leur volonté d'aller en arrière; l'eau les gagne, et ne sachant à quoi se raccrocher, ils se livrent au courant en étendant les bras et en fermant les yeux.

Un secret pressentiment disait à Blanche qu'au bout de la route qu'elle suivait, il y avait un malheur; mais comme Frédéric marchait dans cette route, elle le suivait sans pouvoir songer même à revenir sur ses pas. Comme on l'a vu, elle se demandait souvent à elle-même si ce qu'elle ressentait était réellement de l'amour.

Comment l'eût-elle su, l'innocente enfant, elle qui jusqu'alors avait vécu dans l'heureuse ignorance des passions, elle qui avait l'âme et le visage de la vierge? Seulement elle était forcée de se dire que ce qu'elle éprouvait était étrange.

Il lui avait semblé, avant qu'elle aimât, que l'amour était une chose douce à l'âme, une sorte de breuvage qui laissait tout-à-coup le cœur altéré dans un indéfinissable sentiment de bien-être.

Dans ses rêves de jeune fille, elle voyait l'amour souriant, gaîment escorté du sommeil, pieusement accompagné de la prière. Elle l'avait regardé comme une fleur qui s'ouvre tout-à-coup dans l'âme et la parfume d'aromes divins, comme un oiseau du ciel qui s'enferme volontairement dans le cœur des femmes, ainsi que dans une cage dorée, et qui, là, chante des mélodies inconnues à la terre.

Un homme était venu à elle ; comment ? nous le saurons bientôt. Dominée par l'étrange puissance de cet homme, poussée par ses propres impressions, elle avait cru à lui, et voilà que, dès le premier jour, elle avait en vain cherché la réalité de son rêve. Le parfum attendu ne s'était point fait sentir, la chanson espérée ne s'était point fait entendre.

Elle avait approché la lèvre de la coupe nouvelle, et il lui avait semblé, au lieu d'un breuvage doux et pur, boire une liqueur de feu. Ses yeux s'étaient obscurcis sous l'impression d'une âcre volupté, son esprit, son âme, sa vie avaient disparu pour elle pendant quelques instants dans un monde qui n'était ni le ciel ni la terre, ni la veille ni le sommeil, ni le rêve, ni la réalité.

Puis, quand elle était sortie de cet état, elle avait reculé épouvantée, car elle avait compris qu'elle ne s'appartenait plus et qu'elle avait un maître.

Cependant ne croyez pas que cette épouvante fût un remords. Plus l'âme qui se livre est pure, plus elle met de temps à se repentir.

Quand le cœur des femmes est sincère, innocent, virginal, il se revêt d'une telle poésie en se livrant, qu'avant de pouvoir être occupé par le remords il faut qu'il ait laissé couler au-dehors la source pure de ses illusions, et cela prend bien des jours, car la pure liqueur des illusions ne tombe de l'âme que goutte à goutte.

Il n'y a que les cœurs usés qui se repentent vite, car eux seuls savent comme la peine suit de près la faute.

Néanmoins, quand Blanche vit qu'en une minute elle avait élevé une barrière infranchissable entre sa vie passée et sa vie à venir ; quand elle s'aperçut qu'il était inutile qu'elle regardât derrière elle, et qu'il lui serait peut-être douloureux de regarder en avant, il fallut bien qu'elle se renfermât tout entière dans cette minute qui transformait sa vie, et qu'elle s'enveloppât dans son amour, comme un voyageur, perdu dans une nuit froide et obscure, s'enveloppe des pieds à la tête dans le seul manteau qu'il ait.

— C'est ma destinée, s'était-elle dit, de suivre cet homme, suivons-le ; et elle s'était jetée à corps perdu dans cette obéissance fatale.

Ce qui prouve que Blanche était prête à tout, à souffrir, à se tuer, à se perdre pour le comte, si tel était son bon plaisir, c'est que, quoiqu'il lui eût souvent répété qu'elle serait sa femme, elle ne lui avait jamais demandé l'exécution de sa promesse et ne lui en avait jamais reparlé la première.

Frédéric pouvait l'abandonner quand il voudrait, elle en mourrait peut-être ; mais elle avait prévu ce genre de mort.

Ce n'était donc point de l'amour qu'elle ressentait pour cet homme, car jamais le cœur amoureux ne prévoit un pareil dénouement.

L'amour, comme toutes les passions chastes, croit à l'éternité. Il veut bien admettre qu'il a eu un commencement, mais il est toujours convaincu qu'il n'aura pas de fin.

Et maintenant si nous voulions descendre plus avant dans l'âme de Blanche, nous y découvririons bien autre chose encore, un sentiment inoui duquel elle s'efforce de détourner les yeux, mais qui l'attire par fois malgré elle, car les profondeurs de l'âme ont leur puissance attractive et vertigineuse comme les profondeurs physiques.

Nous verrions que lorsque par hasard elle songeait à cette promesse de mariage, elle y songeait presque avec effroi. Elle sentait si bien que l'âme de son amant n'était pas la sœur naturelle de la sienne, qu'elle redoutait presque de se river trop fortement et trop éternellement à elle. Il y avait des moments où elle préférait les conséquences fatales aux possibilités promises de sa faute.

Était-ce donc là de l'amour?

Cependant ce mariage, c'était l'honneur, c'était une grande position, car Frédéric était noble comme il était beau. Mais, nous le répétons, pour les cœurs comme Blanche, toutes ces considérations du monde, tous ces préjugés sont d'un poids bien léger dans la balance de leurs sentiments.

Une partie des réflexions que nous faisons ici, Blanche les faisait dans le jardin de sa mère, pendant la nuit qui suivit l'entretien qu'elle venait d'avoir avec Frédéric, et elle essayait de les nouer les unes aux autres pour en tirer un raisonnement et s'en faire un appui.

Mais c'était impossible. Blanche,

comme presque toutes les femmes, sentait et n'analysait pas. Si elle eût pu se rendre compte tout-à-fait de la vérité, elle fût tombée aveuglée, car la vérité, c'est le soleil : on la sent, mais on ne la regarde pas.

Le premier rayon de l'aube surprit Blanche rêvant encore dans une allée du jardin.

Alors, elle se rappela par hasard que son frère partait de bonne heure et elle voulut prendre un peu de repos.

Elle remonta dans sa chambre, sans que personne dans la maison se doutât qu'elle l'avait quittée, car madame Pascal aurait cru possibles les plus grandes invraisemblances avant de soupçonner à sa fille d'autres pensées que des pensées de prière et d'amour filial.

Brisée de corps et d'esprit, Blanche se coucha et s'endormit.

A dix heures du matin elle dormait encore.

Le sommeil était le plus heureux temps de sa vie, car, dans le sommeil, elle rêvait encore; mais elle ne dormait pas toutes les nuits.

A huit heures, Félicien et sa mère étaient levés et rôdaient dans le jardin en se donnant le bras et en parlant encore des choses d'autrefois.

— Nous t'accompagnerons jusqu'au bas de la côte, disait madame Pascal à son fils, Blanche et moi.

— Où donc est Blanche? ma mère.

— Elle dort, mais je vais la réveiller.

— Garde-t-en bien, chère mère. A son âge, le sommeil est une si bonne chose! Cependant si, une demi-heure avant que je parte, elle dort encore, nous la réveillerons, parce que je veux l'embrasser avant de partir; et d'ailleurs, elle aura assez dormi, puisqu'elle s'est couchée à dix heures.

En ce moment Blanche s'éveillait.

Elle remercia Dieu de l'avoir fait dormir et elle se leva à la hâte pour aller rejoindre sa mère et son frère.

Félicien devait partir à midi.

Il avait, à cet effet, commandé une

espèce de cabriolet qui devait le mener à Niort.

A onze heures on se mit à table.

A midi, la voiture arriva.

— Allez m'attendre au bas de la côte, mon ami, dit Félicien au cocher; ma mère, ma sœur et moi, nous irons à pied jusque-là.

Madame Pascal et Blanche mirent leur châle et leur chapeau, et toutes deux, l'une toute fière d'être vue avec son fils, l'autre toujours un peu soucieuse, quittèrent la maison.

Il fallait traverser tout le village, et tous trois le faisaient au milieu des saluts de tous les braves gens qui les connaissaient, quand ils entendirent de grands cris et virent entrant effrayés dans les maisons ouvertes, ou fuyant devant eux, tous les gens qui se trouvaient dans la rue où ils étaient.

— Sauvez-vous! sauvez-vous! criait-on de toutes parts.

— Qu'est-ce donc? demanda madame Pascal, en prenant instinctivement ses deux enfants dans ses bras. Félicien fit quelques pas pour connaître la cause de cette frayeur générale, et, la rue étant devenue déserte, il aperçut un taureau furieux qui s'était échappé de son étable, et qui courait devant lui la tête baissée et prêt à broyer tout sur son passage.

Il avait déjà rencontré un cheval qu'il

avait éventré et une charrette qu'il avait mise en morceaux.

La bête était à vingt pas de Pascal et des deux femmes.

Félicien regarda autour de lui. Pas une porte ouverte, et pas moyen de fuir sans être aussitôt rejoint par l'animal furieux,

Madame Pascal poussa un cri et s'évanouit.

— Allons, je vais mourir, murmura Blanche. Tant mieux peut-être.

Et elle leva les yeux au ciel, comme pour le remercier.

— Prie Dieu, ma mère ; prie Dieu, ma-sœur, dit Félicien en faisant lui-même un signe de croix, et voyant que le taureau s'élançait dans sa direction, il se précipita vers lui afin de lui servir d'obstacle et de faire à sa sœur et à sa mère un rempart de son corps.

Tout cela avait pris moins de temps qu'il n'en faut pour le lire.

Mais au moment où il n'était plus séparé de l'animal que de dix pas, au plus, une porte s'ouvrit et donna passage à un jeune homme de vingt-deux ou vingt-trois ans, d'une taille herculéenne, et qui, par un mouvement plus rapide que la pensée, jetant sa veste au nez du taureau pour lui faire perdre du temps, rejetant ses cheveux en arrière et retroussant ses manches, se plaça devant Félicien, allongea les bras, et attendit, immobile, comme s'il fût devenu d'airain.

Blanche regardait cela comme dans un songe, et son frère, qui s'était rapproché d'elle, lui avait pris la main.

Le taureau fit un bond, et se jeta sur son adversaire.

Blanche poussa un cri et cacha son visage dans ses mains.

— Ne craignez rien, mademoiselle, cria le jeune homme, je connais ce jeu-là.

En effet, le paysan, car c'en était un, à en juger par son costume, saisit la bête par les cornes au moment où elle baissait la tête pour l'attaquer.

L'impulsion fut si puissante, que le

jeune homme tourna sur ses talons, mais sans perdre pied, mais sans lâcher les cornes et en faisant tourner le taureau avec lui.

Alors on vit les muscles de ses bras se tendre, durs comme s'ils eussent été de fer, et il sembla grandir d'une coudée.

Le taureau courba la tête sous ce joug humain et toucha le sol de ses naseaux fumants.

Un immense cri d'admiration retentit autour des acteurs de cette scène; c'étaient les fuyards rassurés qui rouvraient leur porte et qui applaudissaient.

— Bravo ! Robert ! bravo, criait-on.

— Robert fit ployer les jambes de son colossal ennemi, et lui posant le genou sur le front, pendant qu'il le maintenait couché, son visage s'éclaira d'un rayon de triomphe et d'orgueil bien légitime.

Robert était beau à voir ainsi : le cou nu, ses beaux cheveux noirs rejetés en arrière, l'œil en feu, le teint pâle et la bouche entr'ouverte.

Il avait l'air du jeune Hercule étouffant le lion de Némée.

Blanche, pâle, mais calme, ne pouvait le quitter des yeux, tant est attrayant le magnifique spectacle de la force victorieuse.

Pendant ce temps on arrivait avec

des cordes, on attachait les jambes de l'animal mugissant, on lui liait les cornes, et s'attelant à une longue corde, plusieurs hommes traînaient le vaincu vers son étable.

Robert rabaissa les manches de sa chemise et remit tranquillement sa veste.

CE QUE FRÉDÉRIC ALLAIT FAIRE A PARIS.

XXIV.

Madame Pascal était revenue à elle.
Quand elle avait ouvert les yeux, et qu'elle avait vu à ses côtés ses deux enfants sains et saufs, elle était tombée à

genoux, en les prenant dans ses bras, et elle avait rendu grâces à Dieu.

Alors Félicien l'avait relevée, et lui avait dit en lui montrant Robert :

— Ma mère, voici le brave jeune homme auquel nous devons la vie.

Pour toute réponse, la mère s'était jetée au cou du paysan, pendant que son fils lui serrait cordialement la main, et lui témoignait avec émotion toute sa reconnaissance.

Robert était en proie à une émotion joyeuse. Les couleurs avaient reparu sur ses joues, et ses yeux, mouillés de douces larmes, semblaient la double étincelle du grand foyer de vie qui l'animait, tant était brillant, tant était éclatant le point lumineux qui les étoilait.

Point de barbe, le teint brun, la bouche petite, les dents blanches, le nez bien fait, le cou admirablement attaché et entièrement découvert, des anneaux d'or aux oreilles, tel était le complément de cette bonne et belle figure.

Quant au costume de Robert, il était bien simple.

Chemise de grosse toile, pantalon de drap bleu foncé, serré autour de la taille par une ceinture de cuir, et veste de velours verdâtre jetée sur l'épaule, car il avait jugé inutile ou n'avait pas eu le temps de la remettre.

L'ensemble de ce beau garçon était si parfait, que Blanche, obéissant à un sentiment inné chez la femme, ne put s'empêcher de regarder les mains et les pieds de Robert, pour voir si cette distinction qui le caractérisait existait jusque-là. Les mains étaient admirablement faites, et les manches retroussées laissaient voir des attaches de poignet fines et souples. Quant aux pieds, ils étaient vraiment petits, et il fallait qu'ils le fussent pour le paraître dans les gros souliers qui les emprisonnaient.

Cet examen involontaire n'échappa

point à l'ouvrier, et il mit même une sorte de coquetterie à ne s'y point soustraire.

Pendant ce temps, des groupes s'étaient formés autour de Félicien, de sa mère, de sa sœur et de Robert.

On complimentait le paysan, et les femmes questionnaient Blanche et madame Pascal, leur demandant si elles avaient eu grand'peur et si elles étaient bien revenues de l'émotion que cette scène avait dû leur causer.

Enfin, toute la rue et tout le village étaient en rumeur.

— Bravo, Robert ! bravo ! lui disait-on.

— Pardieu ! répondait-il en souriant, n'est-ce pas là une belle affaire, et faudrait-il pas laisser un méchant taureau, c'est-à-dire la bête la plus bête de la création, éventrer des êtres intelligents et qui sont de braves gens par-dessus le marché? Tout le monde en aurait fait autant, continua Robert avec une réelle modestie, et la preuve, c'est que M. Félicien, qui n'est pas habitué comme moi à ces sortes de luttes, se jetait hardiment en face de l'animal.

— Mais moi, c'était pour ma mère et ma sœur que je risquais ma vie, tandis que vous, monsieur Robert, c'était pour des étrangers.

—Est-ce que des gens qui vont mourir sont des étrangers? Est-ce que vous, monsieur Félicien, votre mère et mademoiselle, vous êtes des étrangers pour quelqu'un ici? est-ce que tout le monde n'aime pas votre sainte mère et cette belle jeune fille.

Et en disant cela Robert rougissait, et, jetant un regard d'admiration naïve sur Blanche, il semblait lui demander pardon de s'être permis de dire qu'elle était belle.

— Il n'en est pas moins vrai, reprit Pascal, que, sans vous, monsieur Robert, nous périssions tous les trois. Aussi, entre nous maintenant, il y aura, si vous le voulez bien, une amitié de frères, et, de ma part, une reconnaissance sans bornes.

— Allons ! s'écria Robert avec élan, et en prenant les deux mains de Félicien, il paraît décidément que cela peut être bon à quelque chose d'avoir les poignets solides.

— Mais, monsieur, dit tout-à-coup Blanche, qui, depuis quelques instants, considérait Robert plus attentivement encore, vous êtes blessé !

— Où donc ? s'écria Félicien avec inquiétude.

— Là, répliqua Blanche, en montrant du doigt une tache de sang sur la chemise du jeune homme ; et, obéissant à son premier mouvement, elle tira son mouchoir et s'approcha de Robert pour étancher ce sang.

— Oh! ce n'est rien : une simple égratignure, fit le paysan. La corne de l'animal m'a effleuré en passant. Merci, mademoiselle, mais rassurez-vous, ce n'est pas dangereux.

— Et maintenant, mes enfants, dit-il d'un air joyeux en se tournant vers les paysans et les commères qui l'entouraient, il faut laisser M. Félicien et ces dames aller à leurs affaires, et vous il faut aller aux vôtres. Il n'y a pas eu de mal, c'est tout ce qu'il fallait, n'est-ce pas? Au revoir, alors.

Les groupes se dispersèrent lentement, et Robert resta de nouveau seul avec Pascal, sa mère et Blanche.

— Je reviens dans quelques jours, monsieur Robert, lui dit Félicien ; je vous verrai souvent, je l'espère.

— Tant que vous voudrez, à la condition que, quand je vous ennuierai, vous me le direz franchement ; car je jette bien un taureau par terre, mais je ne suis en somme qu'un paysan, et ma conversation n'est pas toujours drôle, surtout pour les dames.

— Comment se fait-il alors que, n'étant qu'un paysan, vous vous exprimiez avec tant de facilité ? demanda madame Pascal.

— Cela vient, madame, répondit le

jeune homme en souriant, de ce que je suis un homme instruit. J'ai été enfant de chœur ici, et notre brave curé m'a appris une foule de choses que mes semblables ignorent d'ordinaire, si bien que je me trouve savoir lire et écrire, sans compter l'arithmétique, une teinte d'histoire, et même un peu de latin, qui ne me sert pas beaucoup pendant la semaine, mais qui m'est utile le dimanche quand je vais dîner avec mes camarades. Ils me regardent comme un savant et croient à ma parole comme à l'Évangile.

En disant cela, la physionomie de Robert devenait un peu railleuse, comme s'il se fût moqué de lui-même.

— Et quelle profession exercez-vous ici?

— Je suis charpentier.

— Êtes-vous heureux?

— Ma foi, oui, très-heureux.

— Vos parents?

— Sont morts, hélas!

— Raison de plus pour vous laisser faire une famille nouvelle, monsieur Robert, dit Blanche attendrie par l'intonation que le charpentier avait donnée à sa réponse, et pour venir nous voir souvent nous qui vous aimerons comme un frère, n'est-ce pas, Félicien? comme un fils, n'est-ce pas, ma mère?

— Vous avez l'air d'un ange, mademoiselle, répliqua Robert, en considérant Blanche, tant vous êtes bonne, tant vous êtes belle! Tenez, je n'ai peut-être qu'une vertu, mais je l'ai, c'est la franchise. Je ne sais pas cacher ce que je pense ; eh bien ! je pense en ce moment, et je penserai toujours que si jamais vous aviez besoin qu'un homme se tuât pour vous, vous n'auriez qu'à me faire un signe, et que je vous donnerais gaîment ma vie en échange des paroles que vous venez de prononcer et de la manière que vous les avez dites. Et là-dessus, adieu, monsieur Félicien, adieu, madame Pascal, adieu, mademoiselle, car, sur mon honneur, je n'ai plus autre chose à vous dire.

Et, après avoir salué d'un regard et

d'un sourire les trois personnes auxquelles il venait de dire adieu, Robert disparut par la petite porte qui lui avait donné passage quelques instants auparavant.

— Quelle belle nature! murmura Félicien.

— Voilà un excellent cœur, dit madame Pascal.

— Le beau et brave jeune homme, pensa Blanche !

— Ma bonne mère, dit alors Félicien à sa mère, tu viens d'avoir une grande émotion dont tu n'es pas tout-à-fait remise. Cela t'a fatiguée; laisse-moi continuer ma route tout seul et rentre à la maison avec Blanche, après avoir été à l'église bénir Dieu pour le secours qu'il nous a envoyé.

Félicien embrassa les deux femmes, et tandis qu'elles prenaient le chemin de l'église, il descendait la côte au bas de laquelle il devait trouver son cabriolet ; là, la route se divisait en deux, l'une menant à Paris, l'autre menant à Niort. Ce fut cette dernière que Félicien prit au moment où une chaise de poste entrait dans l'autre au galop de ses deux chevaux.

Frédéric était dans cette chaise de poste.

CE QUE FRÉDÉRIC ALLAIT FAIRE A PARIS.

SUITE.

XX.

Pour les gens qui passaient, ce cabriolet et cette chaise n'étaient que deux voitures; pour le peintre qui eût voulu retracer le paysage, ce n'était qu'un effet de poussière et qu'un moyen de l'animer; mais pour nous qui connaissons les deux voyageurs, ce sont deux destinées que ces deux voitures renfermant deux hommes qui se tournent le dos physiquement et matériellement, qui ne se doutent pas, en suivant chacun une route opposée, qu'il viendra un moment où ils se trouveront face à face, et que leurs existences sont déjà fatalement liées l'une à l'autre.

Le cabriolet de Félicien s'éloigna, cheminant d'une allure douce et tranquille.

La chaise de poste disparut, rapidement emportée.

Suivons-la.

Elle arriva dans la nuit à Paris, et

s'arrêta devant une élégante maison de la rue de la Paix.

Frédéric entra dans cette maison, monta au premier étage et sonna.

Un domestique vint ouvrir la porte.

— A-t-on des lettres pour moi? lui demanda le comte. Jai écrit que j'en attendais deux.

— Il y en a deux en effet. L'une a été apportée par un domestique en livrée, l'autre par une espèce de commissionnaire.

— Elles sont ?

— Sur la cheminée de M. le comte.

— Très-bien.

Frédéric traversa un appartement très-élégant et passa dans sa chambre à coucher, sur la cheminé de laquelle il trouva en effet deux lettres, l'une d'une écriture fine, distinguée, l'autre d'une écriture commune et d'un papier commun.

Ce fut cependant à cette dernière qu'il donna la priorité.

Elle ne contenait que ces mots :

« C'est un chanteur de l'Opéra qu'on nomme G.... La chose dure depuis trois mois. »

Rien de plus et pas de signature.

— Très bien, pensa Frédéric, et un sourire ironiquement joyeux éclaira son visage.

Puis il brûla cette première lettre et passa à la seconde qui était une invitation de bal, à laquelle était joint un billet.

« Mon cher comte, portait ce billet, voici l'invitation que vous avez paru désirer pour le bal du marquis de Thonnerins, et que le marquis s'est empressé de me remettre pour vous.

» Voulez-vous que j'aille vous prendre ou me prendrez-vous chez moi ?

» Je désire vous présenter au marquis, lequel sera enchanté de faire votre connaissance, et de ne vous point traiter en invité ordinaire.

» Mille compliments empressés et affectueux.

» Baron de SIGAUD. »

Frédéric sonna et dit au domestique qui parut :

— Vous connaissez le baron de Sigaud, et vous savez où il demeure?

— Oui, monsieur le comte.

— Vous irez demain matin chez lui, lui dire que j'irai le prendre demain soir à onze heures.

Le comte, resté seul, parut réfléchir quelques instants ; puis, avec l'air satisfait d'un homme dont l'esprit a trouvé une conclusion heureuse à la pensée qui le préoccupe, il se déshabilla, se coucha et s'endormit.

Il ne se leva que tard le lendemain, déjeuna et dîna seul chez lui, demanda sa voiture pour dix heures du soir, et se fit à dix heures et demie conduire chez le baron de Sigaud.

Une heure après, le comte et le baron entraient dans les immenses salons du marquis de Thonnerins, dont l'hôtel était situé rue de Tournon.

Une foule immense s'y pressait sous les dorures et les lustres éclatants.

Tout le monde sait ce que c'est qu'un grand bal, il serait donc inutile de donner la description de celui-là, qui devait clore ceux que le marquis donnait tous les ans.

Toutes les sommités aristocratiques se trouvaient à ce bal, car le marquis, pair de France, et descendant d'une de nos plus grandes familles, puisqu'un Thonnerins était à la première croisade, avait un des meilleurs salons de Paris, et, connu pour son dévouement à la branche aînée, recevait toute cette vieille aristocratie qui ne voulait pas entendre parler de la nouvelle cour.

M. de Sigaud chercha longtemps le marquis avant de le trouver; mais, ayant fini par le découvrir, il marcha à lui et lui présenta M. le comte Frédéric de La Marche.

Le marquis était un petit homme sec, maigre, et couronné de cheveux blancs.

Rien n'était plus hautement aristocratique que sa bouche froide et ses yeux calmes ; nul ne savait mieux, avec un seul regard, mettre entre soi et les autres la distance à laquelle il voulait les tenir.

Aussi le marquis, auquel pas un des grands noms de France n'était étranger, qui connaissait tous les arbres généalogiques depuis leurs racines jusqu'à leurs dernières branches, reçut-il avec un air quelque peu protecteur ce comte de La Marche dont le nom ne figurait pas dans l'armorial, et qui, selon lui, devait être un de ces nobles comme il en naissait tant depuis l'avénement de la dynastie bourgeoise.

Cependant Frédéric était l'hôte de M. de Thonnerins, comme tel il fut honorablement accueilli, mais rien de plus, rien de moins.

Après une causerie de cinq minutes, le marquis, tout chargé de ses croix, prit congé du comte et se rendit à la circulation.

— Comment trouvez-vous le marquis? demanda le baron à Frédéric quand M. de Thonnerins se fut éloigné.

— Charmant, répondit Frédéric, auquel n'avait point échappé l'effet produit sur le vieux noble par son titre sans antécédents, mais en souriant comme un homme convaincu qu'il prendra quelque jour sa revanche de cette méprisante affectuosité.

— Il est d'une de nos vieilles maisons, n'est-ce pas? demanda M. de La Marche.

— Oh! mon cher comte, fit le baron, en riant, il est plus noble que le soleil ! Le monde n'était pas encore créé que les Thonnerins portaient déjà besans d'or sur azur.

M. de Sigaud, qui était d'une bonne noblesse aussi, puisqu'il eût pu faire ses preuves de 1429, était cependant loin d'ajouter à cela la même importance que le marquis, qu'il plaisantait souvent sur ses susceptibilités héraldiques.

Le baron était tout jeune, il avait vingt-huit ans, et trouvait qu'un beau nom fait très-bien sur une carte, que des armes font bien sur une voiture ou sur un cachet de lettre ; mais peu lui importait que la noblesse de ses amis fût ancienne ou récente, pourvu que ses amis fussent gais, spirituels, bons vivants et bons chasseurs comme lui ?

Cependant il tenait assez à ce que les gens qu'il fréquentait eussent un titre, titre légitime ou non, et cela, non pas pour lui-même, mais pour les vrais nobles qu'il connaissait, et pour ses domestiques, qui, moins avancés que lui, et habitués à avoir du comte et du baron plein la bouche, eussent trouvé que leur maître dérogeait s'il eût reçu un homme qui se fût appelé tout court.

Le baron avait connu Frédéric dans le monde, il y avait environ un mois et demi; il avait été chasser dans ses terres, son caractère lui avait plu, et s'il n'avait pas lié amitié, du moins il contractait habitude avec lui, sans trop s'inquiéter si ses parchemins étaient bien en règle.

On l'appelait comte, il avait le train de maison d'un comte : cela lui suffisait.

Comme vous le voyez, avec de pareils principes, le baron pouvait, de temps à autre, courir la chance de faire de mauvaises connaissances.

Frédéric l'avait prié de le présenter chez M. de Thonnerins. Le baron l'avait présenté, et ne voyait pas plus loin que cela.

— Le marquis n'a-t-il pas une fille? demanda Frédéric à M. de Sigaud.

— Oui.

— Jolie, n'est-ce pas?

— Charmante.

— Où est-elle?

— Tenez, voyez-vous là-bas cette jeune fille qui a des épis d'or dans les cheveux?

— Qui danse?

— Oui, avec un monsieur chauve.

— Et qui n'a même pas l'air de s'amuser.

— Ce n'est pas pour s'amuser qu'on danse avec des gens chauves. C'est elle.

— En effet, elle est fort belle. Le teint est pâle, les yeux sont noirs comme du velours, le profil net, énergique, d'une régularité merveilleuse. Quels bras! quelle taille! quelles épaules! La tête d'une Junon sur le corps d'une Vénus. Il doit y avoir autant d'orgueil que de beauté dans cette femme.

— Oui, c'est une ravissante personne, répliqua le baron avec assez d'indifférence.

— Le marquis est riche ?

— Quatre cent mille livres de rentes.

— Il n'a que cette enfant?

— Et de plus, il est veuf.

— Son influence est grande ? dit-on.

— Énorme. Le roi cherche tous les

moyens de le rallier. S'il se rattachait à la branche cadette, une partie du faubourg Saint-Germain le suivrait ; mais ce n'est pas à craindre : le marquis se ferait sauter la cervelle avant d'avoir cette pensée.

— Approchons-nous donc un peu de mademoiselle de Thonnerins.

— Ah çà ! est-ce que vous voulez l'épouser ? On le dirait, ma parole d'honneur, à voir la façon dont vous me questionnez sur elle et dont vous la regardez.

— Êtes-vous fou, mon cher baron ? Et comment voulez-vous qu'une pareille idée me vienne, à moi, obscur gentilhomme de province ?

— Ce serait tout simple qu'on fût amoureux de mademoiselle de Thonnerins et qu'on la demandât en mariage. Approchons-nous d'elle ; d'autant plus qu'il faut que je lui adresse quelques compliments.

Le comte et le baron se trouvèrent bientôt derrière la fille du marquis.

Le baron lui dit quelques mots, et elle continua sa contredanse.

— Voulez-vous que je vous présente? demanda M. de Sigaud à Frédéric.

— Plus tard, répondit celui-ci, qui ne quittait pas la jeune fille des yeux.

En ce moment, mademoiselle de Thonnerins cessait de danser, la figure étant finie pour le côté de la contredanse dont elle faisait partie.

— Je sors de l'Opéra, dit alors Frédéric au baron, de façon à être entendu de la jeune fille.

— Ah! et que jouait-on? répondit le baron.

— *Don Juan*, et j'ai entendu un nouveau chanteur plein de talent.

— Comment le nommez-vous? demanda machinalement le baron, car au fond il prenait fort peu d'intérêt à cette conversation.

— On le nomme G...., répondit Frédéric, qui en disant ce nom attachait ses yeux sur mademoiselle de

Thonnerins, pour surprendre le mouvement qu'elle ferait.

Elle ne fit pas un mouvement.

— Je n'ai jamais entendu prononcer ce nom-là, fit M. de Sigaud, et vous dites qu'il a du talent?

— Beaucoup, et outre son talent, il aura des protections.

— Lesquelles?

— Figurez-vous, mon cher baron, que c'est un héros de roman. Il aime une fille noble dont il est aimé.

En disant cela, le comte dardait ses yeux sur mademoiselle de Thonnerins.

Cette fois il vit trembler ses bras et ses épaules sous un frisson involontaire.

— Il faut que je vous conte cette

histoire, ajouta-t-il sans perdre Léonie des yeux.

— Savez-vous le nom de la jeune fille ?

— Parfaitement.

— Dites-le-moi.

— Volontiers.

Au moment où il disait ce mot, mademoiselle de Thonnerins se retourna comme si elle eût été piquée par un serpent, et jeta sur le comte un regard si plein de colère et de haine, qu'il crut un moment que la jeune fille allait lui sauter au visage.

Cependant il ne bougea point et répondit par un sourire de défi à ce regard irrité.

Alors mademoiselle de Thonnerins poussa un cri et tomba dans les bras de son danseur.

— Elle est à moi, se dit Frédéric, et il se joignit à ceux qui s'empressaient autour de la fille du marquis.

UN CARACTÈRE DE JEUNE FILLE.

XXVI.

L'évanouissement de Léonie avait causé une grande rumeur dans les salons du marquis.

La musique avait cessé, les danses avaient été interrompues et la jeune fille avait été transportée dans un boudoir où elle était restée avec une de ses parentes, sa gouvernante et sa femme de chambre.

Au bout de cinq minutes elle avait repris ses sens, et son premier mot avait été :

— Dites que je vais rentrer au bal et que les danses continuent.

Sa tante, vieille douarière, qui avait deux cent mille francs de diamants sur la tête, s'était chargée de cette commission.

Quand elle eut quitté le boudoir, Léonie avait dit à sa gouvernante :

— Merci de vos soins, ma bonne Thérèse, laissez-moi seule avec Honorine, et dites à mon père que cette indisposition n'était et ne sera rien.

Thérèse se retira.

Quand Léonie fut seule avec sa femme de chambre, elle se leva, et lançant sur elle un de ces regards auxquels il faut répondre la vérité :

— Tu as parlé? lui dit-elle.

La femme de chambre devina de quoi il était question ; mais elle voulut paraître ne pas avoir compris, et elle répliqua :

— De quoi? mademoiselle.

— De G.....

— Je vous jure, mademoiselle...

— Ne jure pas, je le sais. Crois-tu donc qu'une chose au monde, excepté une chose de cette importance, pouvait me faire trouver mal au milieu d'un salon et me rendre ridicule aux yeux de mille personnes?

Tu as trahi un secret que je te payais assez cher, cependant, pour que tu gardasses le silence.

Mais ce qui arrive devait arriver, et c'était une des mille conséquences probables de l'action que je commettais.

Réponds-moi donc franchement, afin que je voie s'il y a moyen de me sauver.

A qui as-tu parlé de toute cette histoire ?

— A une seule personne, répondit

Honorine qui vit bien qu'il était inutile de nier.

— A laquelle?

— A mon amant.

— Tu as donc un amant, toi?

— Vous en avez bien un, vous.

Le rouge monta au visage de Léonie, et si elle ne se fût retenue, elle eût souffleté celle qui lui parlait ainsi.

Mais si mademoiselle de Thonnerins était une femme d'énergie, c'était en même temps une femme de sens : elle se contint.

— C'est juste, reprit-elle, ce que la maîtresse fait, la servante peut le faire. Continue.

dis-je, continua le malade, les yeux fixes, l'écume à la bouche, et près de retomber dans le délire. Le passé m'étouffe, il faut que vous le connaissiez. Je suis un misérable, écoutez.

— Cet homme a le délire, il devient fou, murmura Pascal.

— Non; cet homme souffre de l'âme autant que du corps, davantage peut-être, dit M. Maréchal au jeune homme; comme chrétien et comme médecin, je réclame de vous le service qu'il vous demande.

Pascal hésita pendant quelque temps.

Le malade tenait les yeux ardemment fixés sur lui.

—Oui, se dit Pascal, après quelques

moments d'examen, M. Maréchal a raison. Ce malheureux souffre de l'âme: il y a peut-être un malheur dans la passé de cet homme ; il y a peut-être pour moi dans l'avenir, si j'entends cette confession, le mal à réparer et le bien à faire.

— Eh bien! monsieur, continua-t-il, pour calmer le moribond, je consens à vous entendre; mais quoi que vous ayez à révéler, je vous préviens que je ne vous donnerai pas l'absolution, car je ne puis la donner.

— Vous pouvez prier pour moi, vous pouvez me dire d'espérer, n'est-ce pas? C'est tout ce qu'il faut. Lais-

assez d'avoir été vendue une fois sans me faire vendre deux.

— Mademoiselle me pardonne-t-elle?

— Non, mais que t'importe, pourvu que je te garde. Réponds-moi encore.

Sais-tu quel intérêt avait à le faire l'homme qui a fait ce marché avec ton amant?

— Non, mademoiselle.

— Tu me le jures?

— Je vous le jure.

— Tu vas probablement être la cause d'un malheur, Honorine. Si l'on t'interroge de nouveau, fût-ce mon père, surtout si c'est mon père, je te conseille de ne rien dire, et cela dans ton intérêt, car pour lui tu ne serais pas seulement ma confidente, tu serais ma complice, et il doit bien y avoir quelque part une prison où les gens comme lui peuvent faire mettre des gens comme toi quand ils ont à se plaindre d'eux.

— Mademoiselle peut compter sur moi.

— Relace mon corsage, maintenant.

— Mademoiselle va rentrer au bal ?

— Oui.

— Tout de suite ?

— Oui, fais prier ma tante de venir me donner le bras.

Pendant ce temps, Léonie rajustait les épis d'or de sa couronne.

—Quel peut être le but de cet homme? se demandait-elle en pensant à Frédéric. Cela ne peut être le seul plaisir de faire une méchanceté.

Que veut-il de moi? Du reste, je vais bien le savoir.

Comment n'ai-je pas pu triompher de mon émotion? Cet homme, si méchant qu'il soit, ne m'eût point nommée.

Après cela il fait si chaud dans ce bal, qu'on se trouverait mal pour moins que cela.

Léonie était prête à reparaître dans les salons; sa tante vint la prendre, et elle fit sa rentrée dans le bal, en souriant aux questions empressées de tous ceux qui se pressaient sur son passage.

Parmi ceux-là se trouvait Frédéric.

— Faites-vous présenter, lui dit-elle tout bas, et invitez-moi à danser.

Le bal recommença plus joyeux et plus bruyant encore, après le petit incident qui l'avait interrompu et qui avait failli le faire cesser. Comme Léonie venait de s'asseoir, M. de Sigaud s'approcha d'elle et lui présenta le comte, qui l'engagea à danser dans le cas où elle danserait encore.

Léonie accepta le bras du comte et figura de nouveau dans un quadrille.

— Ayons l'air de causer de choses indifférentes, dit-elle à Frédéric en lui parlant comme une jeune fille parle à son danseur, en arrangeant les plis de sa robe et en regardant son éventail, car ce que j'ai à vous dire, vous seul devez l'entendre.

— Vos désirs sont pour moi des ordres, vous le voyez, mademoiselle, répondit M. de La Marche, avec ce sourire toujours le même qui doit accompagner les phrases banales qu'un étranger dit à une jeune fille quand il est forcé de danser avec elle.

La musique couvrait la voix des interlocuteurs.

— Vous venez de faire une infamie, monsieur, reprit Léonie, en portant son mouchoir à ses lèvres et en regardant le bout de ses doigts.

— A peu près, mademoiselle.

— Si je ne me fusse trouvée mal, auriez-vous nommé la personne dont vous parliez ?

— Je n'eusse dit que son nom de baptême, d'abord.

— Vous aviez un but ?

— Certainement.

— Et personne, excepté vous, ne sait ce secret?

— Nous sommes six à le savoir. Vous, mademoiselle, M. G...., Georges, Honorine, Dieu et moi ; mais excepté ces six personnes, nul ne le sait et nul ne le saura, à moins ...

Le comte parut hésiter avec intention.

— A moins que je ne refuse de faire ce que vous voudrez, dit Léonie.

— Justement.

— Avez-vous de la fortnne, monsieur ? reprit-elle en revenant d'un avant-deux.

— Oui, mademoiselle.

— Qu'avez-vous ?

— J'ai cinquante mille livres de rentes.

— Ce n'est pas grand'chose. Est-ce que vous avez l'intention de doubler votre fortune ?

— Non : mon ambition va plus loin que cela.

— C'est qu'il y a des gens qui font ce que vous faites, pour de l'argent ;

ma femme de chambre, par exemple.

Quelque empire que le comte eût sur lui-même, il ne put s'empêcher de rougir.

— Je ne suis pas de ces gens-là, mademoiselle.

— Pardon si je vous interromps, monsieur le comte ; mais il faut, avant tout, que je vous fasse une question.

— Parlez, mademoiselle.

— C'est par notre cocher que vous avez appris ce que vous vouliez savoir?

— Oui.

— Mais quel indice a pu vous mettre sur la voie?

— Oh ! mon Dieu ! un incident bien simple, mais qui, simple pour tout le monde, ne pouvait l'être pour moi, qui vois un mystère sous les choses les plus naturelles et les plus fréquentes.

Il y a quelque temps, je passais, à dix heures du soir, dans la rue de Tournon ; vous étiez, avec votre père, sur la terrasse de ce salon, et vous teniez un bouquet à la main.

Vous êtes belle, remarquablement belle; je m'arrêtai quelques instants pour vous voir. M. le marquis détournait la tête en ce moment.

Vous avez laissé tomber votre bouquet dans la rue, après quoi vous êtes rentrée dans le salon.

Je ne sais pourquoi j'eus l'idée que ce n'était pas par hasard que ce bouquet était tombé. Je me cachai dans l'encoignure d'une porte et j'attendis.

Un jeune homme, caché, comme moi, sous une porte voisine, sortit alors de sa cachette, s'assura que la rue était déserte, alla ramasser votre bouquet et en tira un papier. Je demandai à qui appartenait l'hôtel où nous sommes, je l'appris, je voulus suivre le jeune homme au bouquet, mais il était monté dans une voiture, et il avait disparu.

Le lendemain, je repartis pour la campagne que j'habite, et où j'avais une affaire presque aussi importante que celle-ci ; mais je laissai mon cocher à Paris avec une promesse de deux cents louis s'il parvenait à me faire savoir le nom de votre amant, car je ne doutais pas que ce jeune homme le fût.

Hier, je suis revenu à Paris, j'ai prié M. le baron de Sigaud de me présenter à M. votre père et de m'avoir une invitation pour aujourd'hui, et j'ai trouvé en arrivant, de M. Georges, devenu votre cocher et l'amant de votre femme de chambre, une lettre qui me donnait tous les détails que je voulais savoir.

—A merveille ! quelle belle chose que la franchise, et comme nous voilà maintenant à notre aise l'un vis-à-vis de l'autre !

— Savez-vous, mademoiselle, que

vous êtes une femme exceptionnelle!

— Je le sais, monsieur le comte.

— Aussi, le sentiment que j'éprouvais pour vous s'augmente-t-il de l'admiration que vous m'inspirez.

— Et quel sentiment éprouvez-vous pour moi?

— Je vous aime.

— Vous, monsieur? et avec quoi?... demanda Léonie en regardant fixement le comte.

— Avec mon cœur, mademoiselle.

— C'est impossible.

— Pourquoi?

— Parce que si vous aviez ce cœur avec lequel vous dites que vous m'aimez, vous n'eussiez pas fait ce que vous avez fait tout-à-l'heure.

— Quoi qu'il en soit... je vous aime.

— De sorte que, profitant du secret que vous avez entre les mains, vous voulez être mon amant?

— Non, mademoiselle, je veux mieux que cela.

— Ce sera difficile à trouver, monsieur.

— Vous allez voir que non, mademoiselle. Permettez-moi seulement de vous adresser une question, à mon tour.

— Je vous écoute.

— Vous aimez M. G....?

— Oui.

— Pourquoi l'aimez-vous ?

Léonie fixa de nouveau ses grands yeux noirs et brûlants sur son danseur, mais, cette fois, sans dire un mot.

C'était répondre.

— Et comment l'avez-vous connu ?

— Je l'ai vu au théâtre plusieurs fois, il a eu l'audace de me regarder assez souvent pour être remarqué. Il s'est enquis de mon nom et de mon adresse, il est venu rôder dans ma rue, et, un jour que je sortais à pied, avec ma gouvernante, il m'a glissé hardiment une lettre dans la main.

— Et cette lettre ?

— Contenait trois mots : Je vous aime. A mon tour, je me suis enquis de son adresse, et quand je l'ai sue, je lui ai fait écrire par ma femme de chambre : Si vous m'aimez, ne me l'écrivez plus. Libre à vous de trouver moyen de me le dire. Trois jours après, Honorine était parvenue à le faire entrer chez moi, et cela en plein jour. Ce qu'elle avait fait le jour, elle le fit la nuit. Est-ce là ce que vous voulez savoir ?

— Non, mademoiselle.

— Interrogez, alors.

— A quoi vous mènera une pareille liaison ?

— Au suicide, sans aucun doute ; car je me tuerai le jour où cette liaison sera connue ; et au chemin que prennent les choses, elle sera connue bientôt.

— Peut-être que non. Il y a un moyen d'éviter ce malheur.

— Lequel?

— C'est d'épouser M. G.....

— Moi, la fille du marquis de Thonnerins !

— Vous êtes bien sa maîtresse, vous pouvez bien être sa femme.

— Vous êtes fou, monsieur, M. G.... est de ceux dont on fait des amants, mais non de ceux dont on fait des maris pour des filles comme moi. Puis en le prenant je voulais les émotions d'une liaison mystérieuse et non les émotions permises du foyer conjugal. Si j'avais voulu épouser mon amant, j'aurais pris un homme du monde. J'ai pris ce chanteur parce qu'on ne le reçoit pas ici et que le mystère est plus grand. Ce n'est pas même mon amant, c'est le laquais de mon cœur. Quand j'aurai assez de lui, je le chasserai.

— Oh! vous êtes bien une grande dame, mademoiselle, fit Frédéric avec admiration, car il était de ceux que doivent séduire de pareilles natures.

— Deux choses dominent en moi, reprit Léonie ; ces deux choses sont : la volonté et l'orgueil de mon nom. A ces deux choses, je sacrifierai tout.

Voilà pourquoi, monsieur le comte, vous me voyez si rapidement franche avec vous ; c'est que vous pouvez me perdre et peut-être me sauver. Imposez-moi donc vos conditions dès ce soir, sinon, plutôt que d'attendre un scandale public que vous me paraissez homme à faire, je me tuerais cette nuit, ce qui ne serait qu'une avance faite à l'avenir ; car, je vous le répète, c'est ainsi que cette liaison finira. Il le faut.

Malgré elle, Léonie avait appuyé sur cette dernière phrase.

— Il le faut ? répéta Frédéric avec le ton d'une question, et en fixant sur Léonie un regard qui devinait la réponse qui allait être faite.

— Oui, murmura-t-elle, il le faut avant deux mois d'ici.

— Et d'où vient cette nécessité ?

— Elle vient de ce qu'à quatre mois une femme ne peut plus cacher sa grossesse.

— Eh bien ! comme vous l'avez dit, mademoiselle, moi qui pouvais vous perdre, je puis vous sauver.

— Par quel moyen ?

— Je suis ambitieux, mademoiselle, je veux être quelque chose dans le monde politique, où, à mon avis, il y a une place à prendre à l'heure qu'il est ; mais, pour cela, ma seule intelligence et ma seule fortune ne me suffisent pas. Il ne faut l'appui d'une grande position. Pour y arriver, tous les chemins me seront bons, et je prendrai d'autant plus volontiers ceux où je pourrai en même temps rendre service à quelqu'un. Comprenez-vous, mademoiselle ?

— Je commence à comprendre.

— Et vous me permettez de continuer ?

— Oui.

— Je suis donc convaincu que le gendre de M. de Thonnerins pourrait arriver à cette position. Or, il n'en sait rien encore, mais il ne pourra avoir pour gendre qu'un homme qui fermera les yeux sur le passé, et qui se trompera de quelques mois dans le calcul des suites ordinaires du mariage.

— Tout cela est assez justement raisonné. Et vous avez jeté les yeux sur moi pour réussir?

— Oui, mademoiselle.

— Ainsi vous demanderez ma main à mon père?

— Dès demain.

— Et s'il vous la refuse?

— Peu m'importera, si vous voulez que ce mariage se fasse.

— Et si je m'y oppose, moi?

— Je vous perds.

Tandis que, si vous acceptez, nul ne saura ce qui aura eu lieu et, une fois ma femme, vous serez libre et maîtresse de vos actions, car, comme vous le pensez bien, je ne suis pas de ceux qui mettent leur honneur dans la fidélité de leur femme.

— Et vous êtes comte? demanda Léonie après un moment de réflexion.

— Oui.

— D'un vrai comté ?

— Non. Mais le titre est bien à moi ; je l'ai acheté et payé.

— En dehors de cela, êtes-vous un assez honnête homme?

— Oui.

— Comtesse de La Marche ! cela fait encore assez d'effet ! Puis, j'ai toujours compris l'ambition. Demandez ma main à mon père, monsieur.

— Vous me le permettez ?

— Oui. Quand on croyait mourir et qu'on trouve une occasion de vivre, on aurait tort de n'en point profiter.

— Dès demain je ferai cette demande. Une fois mariés, nous quittons la France.

— Pour dix mois.

— Vous êtes un ange, mademoiselle.

— N'est-ce pas ?

La contredanse était finie.

Frédéric reconduisit Léonie à sa

place; et, comme il n'avait plus rien à faire dans la maison, il la quitta.

Le lendemain, à quatre heures, il se faisait annoncer chez M. de Thonnerins, lequel, rencontrant le soir le baron de Sigaud, lui disait :

— C'est bien vous qui m'avez amené hier un certain comte de La Marche ?

— Oui.

— Eh bien ! il est très-original, votre faux comte.

— Comment cela ?

— Devinez ce qu'il est venu faire aujourd'hui chez moi.

— Que diable voulez-vous que je devine !

— Il est venu me demander la main de ma fille ! fit le marquis en riant.

— Lui ?

— Lui-même.

— Que lui avez-vous répondu ?

— Je lui ai répondu que je la lui refusais, et savez-vous ce qu'il a ajouté alors ?

— Non.

— Il m'a donné son adresse et il m'a dit que si je changeais d'avis d'ici à demain, je le lui fisse dire. Je trouve l'idée étourdissante.

— Qu'a dit de cela mademoiselle Léonie ?

— Elle n'en sait rien encore. Elle a

dormi tout le jour, mais elle rira bien quand je le lui conterai.

— Et elle est tout-à-fait remise de son indisposition ?

— Tout-à-fait.

UN CARACTÈRE DE JEUNE FILLE.

SUITE.

XXXII.

Quand, après avoir quitté le baron, le marquis rentra chez lui, Léonie le fit prier de passer chez elle.

Léonie était seule dans sa chambre,

éclairée par les bougies d'un candélabre colossal autour du pied duquel jouaient des amours aux ventres bombés et le long duquel s'enroulaient des pampres et des vignes.

Par le candélabre, jugez du reste de la chambre : tapis moëlleux, murs blancs, rideaux de satin, corniche d'or, lit et meubles de boule, glaces géantes, parfums de toutes sortes, ornements de toute espèce.

Lorsque le marquis entra dans cette chambre, Léonie, vêtue d'un peignoir de soie blanche, brodé à la main de boutons de roses et de feuilles vertes, peignoir sans taille, aux manches larges laissant voir les riches dentelles d'une chemise de nuit dont les manchettes couvraient à moitié les mains de la jeune fille, Léonie, disons-nous, étendue sur une causeuse, un de ses bras posé sur le dos du meuble et sa tête posée sur ce bras, paraissait réfléchir profondément tout en regardant ses petits pieds roses qui, comme deux oiseaux dans un buisson, jouaient sur le coussin où ils étaient posés et dans lequel ils s'enfonçaient et disparaissaient aux trois-quarts.

— Vous m'avez fait demander, Léonie? dit M. de Thonnerins en entrant et en baisant presque cérémonieusement la main de sa fille.

— Oui, mon père, veuillez vous asseoir et m'écouter.

Léonie ne changea point de pose pour cela.

Le marquis prit un fauteuil, le roula près de sa fille, et s'assit.

— C'est de choses sérieuses que j'ai à vous parler, mon père.

— Je vous écoute.

— Vous avez reçu une visite, aujourd'hui ?

— J'en ai reçu plus d'une.

— Mais vous en avez reçu une qui avait ou qui semblait avoir un caractère plus grave que les autres.

— En effet.

— Celle que vous a faite le comte

Frédéric de La Marche. Il venait vous demander ma main.

— Qui vous a dit cela ?

— Je le sais, mon père.

— Est-ce avec votre consentement qu'il le faisait ?

— Oui, mon père.

— Est-ce que vous aimeriez cet homme ?

— Certes non ! Je ne l'estime même pas..

— Comment, alors, l'avez-vous autorisé à une pareille demande ?

— Vous le saurez tout-à-l'heure, mon père ; mais procédons par ordre. Qu'avez-vous répondu au comte ?

— J'ai répondu que je lui refusais votre main.

— Et vous avez eu tort.

— J'ai eu tort ?

— Oui ; parce que maintenant il va falloir la lui proposer.

— Vous devenez folle, Léonie.

— Je ne crois pas, mon père. Je ne suis pas folle, j'obéis à une nécessité, voilà tout.

— Expliquez-vous donc.

— J'ai un amant, mon père !

Le marquis fit un bond sur son fauteuil.

— Qu'avez-vous dit là ? s'écria-t-il, en pâlissant.

— J'ai dit que j'avais un amant, répondit froidement et tranquillement la jeune fille.

Le marquis regarda autour de lui comme un homme frappé d'un coup de foudre, et ce fut lui qui, à son tour, crut qu'il était fou.

— Voyons, mon enfant, voyons, reprit-il en se rasseyant, en tâchant de reprendre un peu de calme, en riant presque, voyons, parlons sérieusement.

— Mais c'est très-sérieusement que je vous parle, mon père.

— Vous avez un amant !

— Oui, je vous le répète.

— Vous, ma fille !

— Moi, Léonie de Thonnerins ;

combien faut-il vous le dire encore de fois, mon père?

— Et quel est cet homme?

— Je ne vous dirai donc pas son nom, car, en vérité, le pauvre garçon n'est pas cause de tout cela, je me contenterai de vous dire sa position : c'est un comédien.

— Un comédien ! fit le marquis en cachant son visage dans ses deux mains. Mais il est impossible que cela soit.

— Cela est cependant.

— Savez-vous, Léonie, reprit le marquis avec une belle et fière intonation, savez-vous que vous avez déshonoré mon nom, et que je devrais vous tuer.

— En effet, cela serait votre devoir;

malheureusement, ce n'est pas votre droit. D'ailleurs, le déshonneur n'existera que lorsqu'il sera connu, et j'ai trouvé, ou plutôt M. le comte Frédéric de La Marche a trouvé une combinaison qui l'ensevelira dans le plus profond mystère.

— Elle! Léonie, comtesse de Thonnerins! murmurait le marquis en se frappant le front. C'est à en perdre la raison.

— Veuillez m'écouter, mon père. Vous me connaissez, n'est-ce-pas? Vous savez que j'ai autant que vous l'orgueil de ma race. Je serais donc morte avant de laisser tomber une tache dessus. Mon plan était arrêté, ma résolution était prise. Je ne pouvais pas épouser l'homme auquel je me suis donnée. Malheureusement, la nature ne se conforme pas à ces préjugés humains, et je suis enceinte de deux mois.

— Allez, continuez, dit le marquis d'une voix éteinte, tandis que deux grosses larmes roulaient sur ses joues.

— D'ici à peu de temps, je me serais donc tuée comme par accident, et vous-même n'auriez rien su de la cause de ma mort. Il était impossible que cet enfant vînt au monde, et que notre nom fût traîné dans la boue. Les bourgeois auraient trop ri.

Vous voyez, mon père, que cette résolution ne me rendait pas plus triste et que je dansais hier aussi gaîment que jamais. C'est que j'ai dans les veines le sang le plus pur de France et que je connais ses exigences. Cependant il est triste de mourir à mon âge ; je me disais cela quelquefois.

Hier un homme a raconté derrière moi toute cette histoire, moins le nom qu'il allait peut-être dire, quand je me suis retournée, folle et prise de l'envie de l'étrangler. Il a fallu me contenir. La colère m'a étouffée et je me suis trouvée mal. Cet homme qui savait tout, c'est M. de La Marche.

De retour au salon, j'ai dansé avec lui, et comme il était évident qu'il n'avait agi ainsi qu'avec un but, je lui ai demandé ce qu'il voulait. Il m'a répondu qu'il voulait ma main, et qu'il jetterait un voile sur le passé. C'était un moyen de faire vivre mon enfant, de m'épargner un double crime et de ne pas quitter un monde qui, en somme, me plaît assez. J'ai accepté le marché.

Si vous avez un autre moyen, proposez-le, mon père, et nous verrons auquel nous devrons donner la préférence.

Le marquis se leva chancelant sous cette révélation comme sous un monde

— Mais cet homme est un misérable, dit-il tout à-coup.

— Oui, mais c'est un misérable qui

peut me sauver si nous faisons ce qu'il veut, et me perdre si nous le faisons pas ; qui, si je me tue, dira la cause de ma mort, et salira ma mémoire et votre nom ; qui, si je refuse, racontera la vérité et me déshonorera ; qui, si j'épouse un homme d'honneur, et qui me croira pure, ce que, du reste, je ne ferais pas, dira tout à cet homme, et me condamnera à la honte. Non, mon père, j'ai bien réfléchi, depuis hier.

Maintenant que cet homme connaît mon secret, le seul moyen de tout réparer, c'est de m'accorder à lui. Puis, nous seuls saurons de quelle manière il m'a obtenue, car il n'ira certainement pas le dire. Il est de naissance obscure, c'est vrai ; mais enfin il est à peu près riche, il se fait appeler comte, il a acquis sa fortune lui-même, ce qui est assez honorable, dit-on ; s'il n'est rien dans le passé, vous le ferez quelque chose dans l'avenir.

Vous passerez pour un esprit au-desus de préjugés trop ridicules. On croira que c'est un mariage d'amour, et tout sera dit. A moins que vous n'aimiez mieux donner ma main au père de mon enfant ; mais outre que ce serait un scandale énorme, moi je n'y consentirais pas.

Ce que venait de dire Léonie avait tellement bouleversé M. de Thonnerins, que si en ce moment il eût voulu sortir, il se fût heurté à tous les murs comme un homme ivre. On eût dit que ses cheveux blancs venaient de blanchir encore. Ses yeux regardaient attentivement un coin de la chambre et ne le voyaient pas, et sa tête s'agitait avec un hochement nerveux sous un souffle d'idée fixe et de folie, comme la cîme d'un arbre sous le vent qui va le déraciner.

— Mais, demanda-t-il avec une voix douloureuse qui prouvait déjà l'affaiblissement de ses plus nobles énergies ; mais ce comédien se taira-t-il ?

— Oui, il m'aime.

— Il y a d'autres confidents, sans doute.

— Bouches qu'on ferme avec des serrures d'or. Le comte de La Marche est seul à craindre.

— Je vous obéirai, ma fille ; demain j'irai chez le comte, fit le vieillard brisé.

— Vous n'avez pas besoin d'un long entretien avec lui, mon père, tout est convenu.

— Mais, ce mariage fait, vous ne me verrez plus, Léonie ; car, si les autres ignorent votre faute, moi je la connaîtrai, et je ne vous pardonnerai jamais.

— Comme il vous plaira, mon père.

— Après-demain nous quitterons

Paris, et nous nous rendrons dans notre terre du Dauphiné, où le mariage se fera.

— Le plus tôt possible, n'est-ce pas?

— Dans un mois au plus tard. Vous n'avez plus rien à me dire, Léonie ?

— Non, mon père.

— Je me retire, alors.

— Adieu, mon père.

Le marquis sortit de la chambre de sa fille, tressaillant au moindre bruit, comme si ce bruit eût été une voix, et que cette voix lui eût répété ce qu'il venait d'entendre.

Ce fut ainsi qu'il regagna son appartement, et congédiant son valet de chambre qui l'attendait pour le déshabiller, il s'enferma et, toute la nuit, resta seul et pleurant de grosse larmes qui tombaient sur ses mains, car il n'avait même pas la force de les essuyer.

CE QUE LE MONDE APPELLE UN BEAU MARIAGE.

XXVIII.

Lorsque son père ne fut plus auprès d'elle, Léonie reprit ses réflexions pendant quelque temps; puis, sautant en bas de sa causeuse, elle s'approcha de sa glace et se regarda.

— C'eût été malheureux de détruire cela, se dit elle, en souriant à sa beauté, et je remercie Dieu d'avoir mis M. de La Marche sur mon chemin.

C'est un homme extraordinaire que cet homme. Quel regard, quelle force, quelle énergie dans la volonté! Voilà un caractère dans le genre du mien. Si j'allais l'aimer !

Ce serait encore ce qui pourrait m'arriver de plus heureux, et ce ne serait pas étonnant après tout.

Léonie sonna.

Honorine parut.

— Vous avez vu M. G....? lui dit mademoiselle de Thonnerins.

— Oui, mademoiselle.

— Vous lui avez dit?

— Ce que mademoiselle m'avait chargée de lui dire.

— Que nous devions cesser de nous voir?

— Oui, mademoiselle.

— Et il vous a donné?...

— Un petit paquet que voici.

Ce paquet contenait cinq ou six lettres.

— Le compte y est, fit Léonie, et elle brûla ces papiers à l'une des bougies.

— Voilà tout ce qu'il a dit? continua-t-elle.

— Il a ajouté qu'il partirait ce soir.

— Puis?

— Puis, il a pleuré.

— De vraies larmes?

— Oui, mademoiselle.

— Après-demain, mon père et moi, nous partons. Vous pourrez retourner dans votre pays, comme vous avez paru le désirer souvent.

Le notaire de mon père vous remettra vingt mille francs, qui vous serviront de dot quand vous épouserez Georges, qui est libre de quitter l'hôtel à partir de demain, et auquel M. le comte de La Marche, que j'épouse, remettra aussi une somme de vingt mille francs pour le remercier de son zèle pendant qu'il était à son service. Est-ce là ce que vous désirez?

— C'est plus que je n'ambitionnais, mademoiselle.

— Alors, laissez-moi, je me déshabillerai toute seule, et rappelez-vous cette maxime arabe : La parole est d'argent, le silence est d'or ! Allez.

Honorine baisa la main de sa maîtresse, et disparut en promettant de se taire, et décidée à tenir sa promesse.

Léonie, restée seule, se déshabilla, se mit au lit et lut jusqu'à deux heures du matin.

A ce moment elle s'endormit.

Le lendemain à dix heures du matin, le marquis demanda sa voiture et se rendit chez le comte.

Celui-ci écrivait quand on annonça M. de Thonnerins.

Le marquis était pâle comme un marbre. Il n'avait pas fermé l'œil de la nuit, nous le savons.

— Voilà un homme qui souffre beaucoup, pensa Frédéric, et, se levant, il offrit cérémonieusement un siège au père de Léonie.

— Merci, monsieur, lui répondit le marquis d'une voix grave et d'un air digne, comme s'il eût pris vis-à-vis de lui-même l'engagement de n'accepter de l'homme à qui il avait affaire, que ce qu'il était forcé d'accepter; merci, monsieur, je resterai debout.

Frédéric s'inclina et resta debout aussi.

— Je vous attendais, monsieur le marquis, dit-il.

— Je crois, monsieur, que nous ne devons échanger que les paroles strictement nécessaires, répliqua M. de Thonnerins ; vous me permettrez donc donc d'être aussi concis que possible, car, puisque vous savez la cause de ma visite, vous devez comprendre combien elle m'est pénible.

— Parlez, monsieur, je vous écoute.

— Vous êtes venu hier me demander la main de ma fille. Vous saviez ce que vous faisiez et à quoi vous vous engagiez en faisant cette demande ?

— Oui, monsieur.

— Comme à moi, ma fille vous avait tout dit?

— Oui, monsieur.

— Je vous donne la main de mademoiselle Thonnerins, monsieur.

Le comte s'inclina de nouveau, et un sourire imperceptible de triomphe entr'ouvrit ses lèvres.

— Réglons les conditions maintenant, reprit le marquis.

Frédéric releva la tête comme pour mieux écouter.

— Ma fille a deux cent mille livres de rentes qui lui viennent de sa mère, et qui lui serviront de dot quand elle se mariera. Elle est fille unique, j'ai quatre cent mille livres de revenu, et tout me porte à croire que je ne vivrai pas long-temps.

M. de La Marche fut pris de ce sourire nerveux dont sont pris les jeunes joueurs quand ils gagnent un gros coup, et il lui fallut toute la force de sa volonté pour ne pas se mettre à rire de joie devant le vieillard qui lui parlait.

— Demain, continua le marquis, nous partons ma fille et moi pour notre terre de ***, en Dauphiné, terre qui lui appartient, et qui fait partie de la dot.

C'est là que le mariage aura lieu.

Tout cela vous agrée-t-il, monsieur le comte ?

— Parfaitement, monsieur le marquis.

— Le mariage se fera dans un mois. Dans un mois, j'aurai obtenu ce que tout gouvernement doit à mon gendre, une mission de ministre plénipotentiaire, soit à Vienne, soit à Berlin, et vous pourrez partir avec la comtesse le lendemain même de votre mariage.

Dans un an, vous demanderez un congé ; vous recevrez la croix, car vous aurez eu le temps de rendre des services à votre pays ; vous passerez quelques mois dans vos terres, et vous arriverez à la chambre des députés d'abord, à la chambre des pairs ensuite ; je vous en donne ma parole d'honneur.

Tout est-il bien convenu ainsi ?

— Oui, monsieur.

— Dans trois semaines vous nous aurez rejoints en Dauphiné, car il vous faut bien ce temps pour mettre en règle vos papiers de famille.

— Dans trois semaines je serai auprès de vous, monsieur le marquis.

— Avec vos parents, si bon vous semble.

— Je n'ai plus de parents, monsieur.

Le marquis s'inclina pour prendre congé du comte.

Alors Frédéric lui tendit la main.

M. de Thonnerins eut l'air de ne point voir cette main étendue vers lui; et, après avoir salué de nouveau le comte, il quitta, sans ajouter une parole, la chambre où cet entretien venait d'avoir lieu.

Quand il eut refermé la porte derrière lui, Frédéric resta quelques instants les yeux fixés sur cette porte.

— Six cent mille livres de rentes, dit-il, car le bonhomme ne fera pas de vieux os, la pairie, la croix et une des plus jolies femmes du monde, tout cela pour deux cents louis, tout cela en quarante-huit heures ! Ce n'est ni cher ni long.

Le comte sonna et donna l'ordre

qu'on mît les chevaux à la berline de voyage.

Il repartait pour Moncontour.

Comme on le voit, il tenait parole à Blanche.

CONFIDENCES FORCÉES.

XXIX.

Pendant le temps que Frédéric était resté à Paris, Blanche était allée tous les matins et tous les soirs demander à la pierre du mur si elle cachait quelque chose, espérant toujours qu'une circonstance imprévue ramènerait le comte plus tôt qu'il n'avait promis de revenir.

Enfin, le soir du cinquième jour, elle trouva une lettre, lettre qui lui demandait un rendez-vous pour le soir même.

A dix heures elle entrait dans le pavillon que nous connaissons, avec Frédéric ; et elle lui disait, comme pour résumer toutes ses impressions depuis quatre jours :

— Frédéric, laisse-moi reprendre ma vie que tu avais emportée avec toi !

— Croyais-tu donc ne plus me revoir, Blanche? demanda le comte en prenant dans ses mains la tête de la jeune fille à genoux devant lui, et en fixant sur elle un regard rempli d'amour.

— N'avais-je pas ta parole que tu reviendrais? quelles craintes pouvais-je conserver? Seulement, j'étais triste de ton absence. Puis, si j'étais sûre de ton retour, il s'en est fallu de bien peu que, moi, je manquasse au rendez-vous.

— Que veux-tu dire?

— J'ai failli mourir, Frédéric.

— Que s'est-il donc passé?

— J'ai couru un danger effrayant, mon ami, et sans un miracle que Dieu a fait, tu ne me reverrais pas aujourd'hui.

Frédéric avait pâli en entendant ce que sa maîtresse lui disait.

— Te voilà tout ému du danger que j'ai couru. Que tu es bon, et que je suis heureuse d'être aimée de toi !

Et en même temps Blanche baisait les mains du comte avec des larmes de reconnaissance.

— Enfin, reprit celui-ci, tu n'as plus rien à craindre de ce danger?

— Non. Veux-tu que je te le raconte?

— Certes.

— Le jour de ton départ, ma mère et moi, nous reconduisions mon frère à la voiture qui devait l'emmener et qui l'attendait en bas de la côte, quand tout-à-coup un taureau, échappé de son étable, s'est précipité sur nous. Il n'y avait pas moyen de fuir.

Je voyais la mort en face, avec regret peut-être, car je suis jeune et je t'aime, mais sans peur, je te le jure. J'ai fait le signe de la croix, j'ai prononcé ton nom, j'ai fermé les yeux, et, calme, j'ai attendu.

L'animal n'était plus qu'à dix pas de nous, quand un jeune homme, un ange, un dieu, s'est jeté au-devant de lui, et avec une force dont il me serait impossible de te donner l'idée, a saisi l'animal par les cornes et l'a terrassé.

Avant de remercier le ciel de ce miracle, j'ai pensé à toi, Frédéric, et je n'ai rendu grâces à Dieu que parce qu'il permettait que je te revisse. Ma mort t'eût fait de la peine, n'est-ce pas ?

— Oui, Blanche, ta mort eût été pour moi un grand malheur, et j'en serais mort, je te le jure.

Frédéric ne mentait pas. Il fût mort de la mort de Blanche.

Aussi, quoique le danger fût passé, le comte, en l'entendant raconter, n'avait-il pu retenir un mouvement de terreur.

— Et cet homme, demanda le comte, cet homme qui vous a sauvés tous trois, qui est-il ?

— C'est un simple charpentier, tout jeune, du nom de Robert.

— Et il n'a pas été blessé?

— Non. Il est venu nous voir tous les jours depuis cette aventure, et prendre de nos nouvelles.

— Il me paraît fort bien élevé, ce charpentier.

— Il l'est en effet. J'ai été tout étonnée de trouver tant de distinction dans un homme de sa classe. Il est noble de visage et de cœur, c'est un bon et brave jeune homme.

— Avec quel enthousiasme tu en parles! Blanche; tu vas me rendre jaloux de M. Robert, fit le comte en souriant.

— Cela n'est pas à craindre.

Cependant je l'aime, je te l'avoue;

mais, pour toutes sortes de raisons, si bien que le sentiment qu'il m'inspire ne peut être que de l'amitié, tandis que vous, Frédéric, je vous aime, sans savoir pourquoi, ce qui prouve que le sentiment que vous m'inspirez est de l'amour.

Cependant j'ai du plaisir à me trouver avec ce jeune homme : mon âme sympathise avec la sienne ; il est loyal, il est grand, et l'on voit qu'il peut laisser sa vie exposée au grand jour, sans craindre qu'on y trouve une tache, une ombre même : ce qu'il dit est frais comme de l'eau de source.

Le cœur se rafraîchit dans sa société, et si tu voyais comme il aime sa sœur, comme il la protége, comme il la surveille, comme il devient faible et timide, ce colosse, quand l'enfant est malade ou pleure ! Il nous a amené quelquefois cette chère petite, enfant de huit ans, blonde et rose comme un ange.

Nous ne savons qu'inventer pour le remercier du service qu'il nous a rendu.

Aussi, soignons-nous à qui le mieux, ma mère et moi, sa chère Suzanne, orpheline, à laquelle lui, l'orphelin aîné, il faut qu'il serve de père et de mère.

Il met à ce devoir, qui est un bonheur pour lui, une touchante tendresse.

Rien n'est trop beau pour sa chère enfant. Il l'habille comme une petite duchesse ; rien n'est curieux et sympathique à voir, comme ce grand garçon jouant avec cette frêle créature. On dirait un lion apprivoisé par une colombe.

Hier, elle avait pris des ciseaux pour jouer, et elle s'était coupé un peu le doigt. Une goutte de sang a rougi l'orifice de cette blessure. Robert est devenu blanc comme un linge, et ma mère a été forcée de le soutenir pour qu'il ne tombât point.

Suzanne a vu quel effet son imprudence avait produit sur son frère, et, courant à lui, la douce enfant lui a dit, avec un sourire :

« Ce n'est rien, frère, ce n'est rien, ne pleure pas. »

Robert l'a prise dans ses bras, et il a effacé avec ses lèvres cette goutte de sang qui l'avait tant ému. Oh ! réellement, c'est là une belle et bonne nature.

Cela vous ennuie peut-être, Frédéric, que je vous parle de cet homme ?

—Au contraire, Blanche, continuez. Ceux que vous aimez ne sont-ils pas d'avance mes amis ? Et d'ailleurs ce Robert m'a rendu un assez grand service en vous sauvant la vie, pour que je prenne plaisir à entendre faire son éloge.

— C'est qu'il y aurait presque ingratitude à ne pas parler de lui. Dans la lettre que mon frère nous a écrite de Niort, il tient deux pages sur trois.

C'était vrai et Félicien, avec cette science qu'il à acquise des hommes, avait reconnu dans Robert un honnête homme. Leurs deux âmes étaient tout-à-fait de la même essence, l'une un peu plus rêveuse, un peu plus poétique, un peu plus ouverte par l'étude et la philosophie ; l'autre aussi loyale, aussi juste, aussi franche, et suivant une route aussi droite dans un monde moins élevé : toutes deux enfin ne comprenant que le bien. De pareils caractères se reconnaissent, quand ils se rencontrent, à certains sentiments, toujours les mêmes, et qu'on pourrait appeler le signalement du cœur.

Alors ils s'abordent tout de suite en se disant : Tiens! nous sommes frères, et l'engagement qu'ils prennent d'une amitié réciproque et d'une estime mutuelle, est pris pour toute la vie.

— Croiriez-vous, Frédéric, reprit Blanche, que moi, qui n'ai pas rougi de ma faute quand je me suis retrouvée en face de mon frère, j'en rougis intérieurement devant ce jeune homme? Si je l'avais connu avant de vous connaître, je crois que je ne vous aurais jamais cédé.

— Vous l'eussiez peut-être aimé ?

— Non, mais j'aurais mieux compris le mal que peut faire à un frère la faute de sa sœur, et par son amour pour Suzanne, j'aurais mieux compris l'amour de Félicien pour moi.

Il ne faut pas m'en vouloir de tout ce que je vous dis là, Frédéric, vous savez que lorsque je suis avec vous je laisse mon cœur s'ouvrir et se montrer tel qu'il est : la franchise de la femme est une preuve de plus de son amour. Je vous aime tant que je puis vous avouer sans crainte que quelque chose eût pu m'empêcher de vous aimer.

Je disais l'autre jour à Robert :

— « Si, lorsque Suzanne aura l'âge

que j'ai, elle commettait une faute, que feriez-vous ? »

Robert me regarda comme s'il eût deviné l'intérêt indirect que je prenais à la réponse, et me dit :

— « Elle ne la commettrait pas, mademoiselle. »

J'ai rougi malgré moi, et je crois qu'il a remarqué ma rougeur. C'est alors que cette terreur m'a traversé l'esprit, que vous ne reviendriez peut-être jamais...

— Et notre mariage, enfant ! répliqua Frédéric.

— Notre bonheur, n'est-ce pas ? Voyons, quand se fera-t-il ?

— Quand revient ton frère ?

— Dans quinze jours ; mais ce qui fait que je suis encore plus heureuse de ton retour, c'est que demain soir je pars pour aller rejoindre Félicien, et que si tu avais seulement tardé quarante-huit heures, je serais partie sans savoir quand je t'aurais revu.

— Tu vas à Niort ?

— Oui, avec ma mère.

— Qu'allez-vous faire là ?

— Tu n'as donc pas écouté ce que je te disais : je vais rejoindre mon frère, qui nous a écrit que l'évêque avait levé toutes les difficultés et ferait pour lui, en quelques jours, ce qu'il met deux mois à faire pour les autres.

Ainsi, Pascal va entrer au séminaire

de Niort, comme cela est l'usage, recevoir les deux derniers ordres, et dans quinze jours il sera curé de notre église, et pourra nous marier, avant son départ, si tu le veux.

— Eh bien, oui, mon enfant, pars en toute sécurité, va rejoindre ton frère, et sois tranquille, avant son ordination, j'aurai trouvé moyen de te revoir, et avant son départ, il saura tout notre mystère d'amour. Ne t'inquiète de rien, ne trahis rien et tout se fera comme tu le souhaites.

— Merci, Frédéric, merci, ton amour est toujous le même, toujours noble et généreux.

— Et je vais rester quinze jours

sans te voir, ajouta Blanche avec tristesse.

— Tu m'écriras.

— Tous les jours.

— N'y manque pas.

— Crois-tu donc que je puisse t'oublier, Frédéric, toi ma vie, toi mon âme, toi mon honneur?

Et la jeune fille jeta ses bras autour du cou de celui qu'elle croyait pouvoir regarder comme son fiancé.

FIN DU DEUXIÈME VOLUME.

TABLE DES CHAPITRES

DU DEUXIÈME VOLUME.

                                      Pages.

Chap. XVI. Le crime. 5
— XVII. La réparation. 21
— XVIII. Félicien Pascal. 39
— XIX. Le retour. 75
— XX. Blanche. 93
— XXI. Le secret de Blanche. . . . 111
— XXII. Projets. 129
— XXIII. Robert. 145
— XXIV. Ce que Frédéric allait faire à Paris. 171
— XXV. Ce que Frédéric allait faire à Paris. (suite). 189
— XXVI Un caractère de jeune fille. . . 213
— VXVII. Un caractère de jeune fille. (suite). 249
— XXVIII. Ce que le monde appelle un beau mariage. 269
— XXIX. Confidences forcées. . . . 285

FIN DE LA TABLE DU DEUXIÈME VOLUME.

Coulommiers. — Imprimerie de A. Moussin.

COMMISSION SPÉCIALE

Pour les cabinets de lecture des départements.

HIPPOLYTE SOUVERAIN

Éditeur, 5, rue des Beaux-Arts,

PARIS.

ŒUVRES DE FRÉDÉRIC SOULIÉ.

	fr.	c.
Le comte de Foix. (Sous presse). 2 vol. in-8.	»	»
Les quatre Napolitaines. 6 vol. in-8.	30	»
Les Drames inconnus. 4 vol. in-8.	20	»
Aventures d'un Cadet de famille. 3 vol. in-8.	15	»
Amours de Victor Bonsenne. 3 vol. in-8.	15	»
Histoire d'Olivier Duhamel. 5 vol in-8.	25	»
La Comtesse de Morion. 4 vol. in-8.	20	»
Julie. 7 vol. in-8.	35	»
Huit Jours au château. 5 vol. in-8.	25	»
Le Bananier. 3 vol. in-8.	15	»
Théâtre complet. 4 vol. in-8.	20	»
Marguerite. 3 vol. in-8.	15	»
Le Château de Walstein. 3 vol. in-8.	15	»
La Confession générale. 7 vol. in-8.	35	»
Le Maître d'école. 2 vol. in-8.	10	»
Diane et Louise. 2 vol. in-8	10	»
L'Homme de lettres. 3 vol. in-8.	15	»
Eulalie Pontois. 2 vol. in-8.	10	»
Le Port de Créteil. 2 vol. in-8.	6	»
Si jeunesse savait. 6 vol. in-8.	20	»
Mémoires du Diable. 8 vol. in-8.	25	»
Le Lion amoureux. 2 vol. in-8.	10	»
Amours françaises. 1 vol. in-8.	4	»
Au jour le jour. 4 vol. in-8.	20	»

ALEXANDRE DUMAS.

Les Frères corses. 2 vol. in-8.	10	»
Gabriel Lambert 2 vol. in-8.	10	»
Amaury. 4 vol. in-8.	20	»
Mémoires de Talma, écrits par lui-même et mis en ordre par ALEXANDRE DUMAS. 2 vol. in-8.	10	»

GEORGE SAND.

Le Péché de M. Antoine. 6 vol. in-8.	30	»
Isidora. 3 vol. in-8.	15	»
Melchior et Mouny Robin. 2 vol. in-8.	9	»
Un Hiver à Majorque. 2 vol in-8.	9	»

OEUVRES DE H. DE BALZAC.

La Muse du département ou Dinah et Rosalie. 4 vol. in-8.	20	»
Mémoires de deux jeunes mariées. 2 vol. in-8.	10	»
Une ténébreuse Affaire. 3 vol. in-8.	15	»
Béatrix ou les amours forcées. 2 vol. in-8.	10	»
La Princesse parisienne. 2 vol. in-8.	10	»
Une Fille d'Eve. 2 vol. in-8.	10	»
Les Contes drolatiques. 3 vol. in-8.	15	»
Les deux Frères. 2 vol. in-8.	10	»
Ursule Mirouët. 2 vol. in-8.	10	»
Les Ressources de Quinola. 1 vol. in-8.	4	»
Le Curé de village. 2 vol. in-8.	10	»
Pierrette Lorrain. 2 vol. in-8.	10	»
Un grand homme de province. 2 vol. in-8.	10	»
Le Cabinet des antiques. 2 vol. in 8.	10	»
César Birotteau. 2 vol in-8.	10	»
Romans, Contes et Nouvelles. 15 vol. in-12.	15	»
Petites misères de la vie conjugale. 3 vol. in-8.	15	»
Les parents pauvres. 12 vol. in-8.	60	»
La femme de soixante ans. 3 vol. in-8.	15	»
Modeste Mignon. 4 vol. in-8.	20	»
Un drame dans les prisons. 2 vol. in-8.	10	»
Le provincial à Paris. 2 vol. in-8.	8	50
Vautrin. 3 vol. in-8.	15	»

SOUS LE PSEUDONYME D'HORACE SAINT-AUBIN.

Dom Gigadas. 2 vol. in-8.	9	»
L'Excommunié. 2 vol. in-8.	9	»
Jeanne la pâle. 2 vol in-8.	9	»
La dernière fée. 2 vol. in-8.	9	»
Le Vicaire des Ardennes. 2 vol. in-8.	9	»
Argow le pirate. (Suite du Vicaire des Ardennes). 2 vol. in-8.	9	»
Le Sorcier. 2 vol. in-8.	9	»
L'Israélite. 2 vol. in-8.	9	»

SOUS PRESSE.

MÉMOIRES DE TALMA
ÉCRITS PAR LUI-MÊME
Recueillis et mis en ordre sur les papiers de la famille
Tomes V et VI.
Par Alexandre DUMAS

Les Proscrits de Sylla
2 vol. in-8
Par Félix DERIÉGE

LE COMTE DE FOIX
2 vol. in-8
Par Frédéric Soulié.

LES DERNIERS PAYENS
2 vol. in-8
Par Félix DERIÉGE

LES QUATRE NAPOLITAINES
Tomes V et VI
PAR FRÉDÉRIC SOULIÉ.

Les Mystères de Rome
PAR FÉLIX DERIÉGE.

NOBLESSE OBLIGE
2 vol. in-8
Par F. DE BAZANCOURT.

LAGNY. — Imprimerie de VIALAT et Cie.

www.ingramcontent.com/pod-product-compliance
Lightning Source LLC
Chambersburg PA
CBHW071341150426
43191CB00007B/810